M ü d i g k e i t s g e s e l l s c h a f t

疲労社会

ビョンチョル・ハン

横山陸 訳

花伝社

本書の翻訳については、ゲーテ・インスティトゥートの出版助成を受けております。

Die Übersetzung dieses Werkes wurde vom Goethe-Institut gefördert.

疲労社会◆目次

【凡例】

・本書は、Byung-Chul Han, *Müdigkeitsgesellschaft*, Berlin: Matthes & Seitz, 2016 edition の付論 Hoch-Zeit を除いた全訳である。

・訳文中の〔 〕は、訳者による補足・注記である。訳文中に原語を併記するばあいも〔 〕を用いる。これに対して、訳文中の（ ）は原文に由来する。また、原文での引用符»«および›‹は、訳文中では「 」とした。

・原文でのイタリック体は訳文では**ゴシックボールド体**にした。

・引用されている文献については、日本語訳があるものは可能なかぎり対応箇所を指示した。ただし、原文で参照される文脈を考慮して訳文を変更した。

・原文では段落が変わるごとに一行空きがあり、また段落冒頭に字下げもされていない。訳文でもこの体裁にならった。

序　疲れたプロメテウス

プロメテウスの神話[1]は、現代人の心の装置が表現された場面《シーン》として解釈することができる。能力の主体としての現代人は、自分自身を虐《しいた》げ、自分自身と戦っている。彼は自分が自由であると思い込んでいるが、じつはプロメテウスのように鎖につながれている。プロメテウスの繰り返し生えてくる肝を食らう大鷲は、この場合、自分が戦っているもうひとりの自分を表している。こう考えると、プロメテウスと大鷲との関係は、ひとつの自己関係、すなわち自己搾取の関係ということになる。〔大鷲に食われても〕プロメテウスの肝それ自体に痛みはない。だが、〔食われてはまた生えてきて、また食われることを繰り返すことで〕そこには疲労という痛みが伴われる。自己搾取の主体としてのプロメテウスは、終わることのない疲労に襲われている。彼は、疲労社会の原型なのである。

謎めいた「プロメテウス」の物語について、カフカは面白い解釈を試みている。「プロメテウスを罰する」神々は疲れ飽き、大鷲も疲れ飽きた。プロメテウスの傷口は疲れ飽きてふさがった。(2)(3)」ここでカフカがイメージしているのは、治癒をもたらす疲労である。それは傷口を開くのではなく、ふさぐような疲労である。**傷口は疲れ飽きてふさがった**。本書も、治癒をもたらす疲労について考察することにしよう。それは、ためらうことなく自我という鎧《よろい》を身につけるのではなくて、**友情のなかでこの自我を脱ぎ捨てること**に由来する疲労である。(4)

【訳注】

(1)プロメテウスはギリシア神話に登場する神。人間たちが主神ゼウスによって火を取り上げられて困っているとき、プロメテウスは人間たちを憐《あわ》れみ、火を与えた。これに怒ったゼウスはプロメテウスをカウカス山に鎖でつなぎ、大鷲にその肝を毎日食らわせた。プロメテウスの肝は夜のあいだにまた生えてくるが、それをまた大鷲に食われるので、プロメテウスの苦痛は絶えることがなかったという。最終的にヘラクレスが大鷲を射落とすことで、プロメテウスを解放したという（高津春繁『ギリシア・ローマ神話辞典』、岩波書店、一九六〇年、二二四頁を参照）。なお、著者のハンはカフカの解釈を参照しながら、プロメテウスの苦痛を「疲労という痛み」として新たに解釈している。

（2）本書のタイトルである「疲労社会」は、原文では Müdigkeitsgesellschaft であり、これは「疲労」や「疲れた」を意味する形容詞 müde と「社会」を意味する名詞 Gesellschaft から成る造語である。ドイツ語の müde には「疲れた」の他にも、「飽き飽きした」という意味があり、本文のこの箇所では両方の意味が重ねて用いられている。したがって、ここでは「疲れ飽きた」と訳すが、本書の他の箇所では、たんに「疲れた」「疲労した」と訳す。なお、本文では müde と似た意味をもつ形容詞 erschöpft も多用されているが、こちらは「疲弊した」と訳し分ける。

（3）カフカの「プロメテウス」から引用がなされているが、出典は明記されていない。著者のハンが参照した版が分からないため、以下ではドイツ語のカフカ全集の新版（*Schriften – Tagebücher – Briefen. Kritische Ausgabe*）の該当頁と、それに対応する日本語翻訳の頁を示しておく。Franz Kafka, *Nachgelassene Schriften und Fragmente II*, hrsg. von Jost Schillemeit, (*Schriften – Tagebücher – Briefen. Kritische Ausgabe*), Fischer: Frankfurt a. M. 1992, S.70／フランツ・カフカ、飛鷹節訳「プロメテウス」、飛鷹節訳『決定版カフカ全集3　田舎の婚礼準備、父への手紙』、新潮社、一九八一年、所収、七六頁。池内紀訳「プロメテウス」、池内紀訳『カ

フカ短篇集』、岩波書店（岩波文庫）、一九八七年、所収、二三〇―二三一頁。

（4）「友情のなかでこの自我を脱ぎ捨てることに由来する疲労」とは、著者のハンが本書で提唱する積極的な疲労のかたちであり、「疲労社会」の章において詳しく展開される。

精神的暴力[5]

それぞれの時代には、その時代その時代を特徴づける病がある。バクテリアの時代は、遅くとも抗生物質の発見とともに終わりを迎えた。インフルエンザの流行《パンデミック》に対する見通しのきかない不安はあるものの、こんにち私たちが生きているのは、ウィルスの時代でもない。免疫学の〔ワクチン〕技術のおかげで、ウィルスの時代も過ぎ去った。[6]病理学的に見れば、二十一世紀の初頭を特徴づけるのはバクテリアでもウィルスでもなく、精神である。二十一世紀はじめの病理学の風景を規定しているのは、うつ病、注意欠陥多動症（ADHD）、境界性パーソナリティ障害（BPD）、燃え尽き症《バーンアウト》（BS）といった精神疾患である。これらの疾患は感染ではなく、〔心の〕梗塞[7]である。それは免疫学的に他なるものの**否定性**によってではなく、**肯定性**の過剰によって引き起こされる。それゆえ、異質なものの否定性から身を守るための免疫学の技術は、精神疾患には効果がない。

前世紀は免疫学の時代であった。それは、内と外、敵と友、自己と他者が明確に区別された時代であった。東西冷戦もこうした免疫学の図式《スキーム》に基づいていた。いやそれどころか、前世紀の免疫学的な物の見方《パラダイム》自体が、一貫して冷戦の語彙《ボキャブラリ》によって、つまり物事をまったく軍事的に考える傾向によって支配されていた。免疫学的な行為は、攻撃と防御という発想によって規定されている。免疫学的に物を考える傾向は、生物学的なものだけでなく、社会的なものにまで広がり、社会全体を規定するレベルにまで達している。それにもかかわらず、この考え方は正しく理解されていない。防御とは、あらゆる異質なものに対する防御を意味する。免疫学的な防御の対象は、異質性そのものである。たとえ異質な他者が敵対的な意図をもたず、何の危険もないとしても、この異質な他者はその**他性**のために排除されるのである。

近年、社会に関するさまざまな言説《ディスクール》が、社会を免疫学的に説明するモデルを表立って利用している。しかし免疫学的な言説《ディスクール》が現に存在するからといって、こんにちの社会がこれまで以上に免疫学的に組織されているわけではない。ある物の見方《パラダイム》が、とりわけ反省の対象となっている場合、当の物の見方《パラダイム》がすでに時代遅れとなっていることはよくある。物の見方の変化《パラダイム・チェンジ》は、気づかぬうちに起こっている。こうした物の見方の変化《パラダイム・チェンジ》のなかで、冷戦も終結した。[1] そして、こんにちの社会は、ますます免疫学的な組織と防御の図式《スキーム》から離れた状況にある。この社会を特徴づけているのは、**他性**と**異質性**の消失である。他性は免疫学の基本範疇《カテゴリー》である。あらゆる免疫反応は、この他性に対する反応である。しかしこんにち、他性は差異に取って代わられている。差異は、免疫反応を引き起こさない。差異はポスト免疫学的であり、それどころかポスト近代的《モダン》であり、それはもはや病因ではない。免疫学的なレベルで見ると、差異とは、**同質なもの**である。[2] 差異には、激しい免疫反応を引き起こす、いわば異質性の棘《とげ》が欠けている。異質性はその鋭さを失って、消費の決まり文句に変わってしまう。異質なものは、エキゾチックなものに成り下がってしまう。そしてエキゾチックなものは、**観光客**に旅される。観光客や消費者は、もはや「異質なものに対して激しい拒絶反応を示す」**免疫学的な主体**ではない。

イタリアの現代哲学者ロベルト・エスポジトが展開する免疫《イムニタス》理論も、誤った仮定に基づいている。彼は次のように語る。「最近では毎日、新聞において、おそらく同じページにおいてさえ、さまざまな出来事が報じられている。たとえば、新たな感染症の流行《エピデミック》との戦い、(8)人権侵害の罪に問われている外国の元国家元首の引き渡しの拒絶、(9)不法移民に対する波打ち際対策の強化、最新のコンピューター・ウィルスの無力化を目指した戦略。これらの現象に共通するものは何だろうか。それぞれの記事を医療、法、社会政策、コンピューター技術という互いに異なる分野の内部で読むかぎり、そこには何の共通点も見いだせない。しかし、これらをひとつの解釈範疇《カテゴリー》に関連づけてみると、物事は違って見える。この解釈範疇《カテゴリー》のもっとも特異な点は、それぞれの分野の個別言語を横断して、諸々の出来事を同一の意味の地平に関連づける力である。『免疫《イムニタス》』という私の本のタイトルからも明らかなように、私はこの解釈範疇《カテゴリー》を『免疫化』として措定する。(中略)右に挙げたさまざまな出来事は、語彙の上では同質のものではないが、〔『免疫化』という解釈範疇《カテゴリー》に関連づけてみると、〕すべて危険《リスク》に対する防御反応と見なせるだろう。[3]」エスポジトはこのように語るが、しかし彼が言及する出来事はどれも、私たちが免疫学の時代にいることを示すものではない。こんにちでは、いわゆる「移民」でさえも、免疫学的な**他者**ではない。つまり、じっさいに危険をもたらしたり、人々の不安をかき立てたりするような、強調された意味における**異質な他者**ではない。移民や難民は脅威ではなく、むしろ負担として感じられている。コンピューター・ウィルスの問題も、もはやそれほど大きな社会的毒性《ビルレンス》とは見なされていない。そう考えると、エスポジトの免疫学的分析が現在の問題ではなく、過去から取ってきた事象ばかり扱っているのも、たんなる偶然ではないだろう。

免疫学的な物の見方《パラダイム》は、グローバリゼーションの進展《プロセス》と相性が悪い。グローバリゼーションの進展《プロセス》は物事の境界を撤廃していく。しかし免疫反応を引き起こす他性は、それとは反対の方向に作用するものである。免疫学的に組織された世界は、特異な位相《トポロジー》をもっている。この世界を特徴づけるのは、境界や閾《しきい》や移行であり、囲《かこい》や堀や壁である。これらは、世界的な《ユニバーサル》交易と交流の進展《プロセス》を阻害する。〔だが、免疫学的な他性が失われた〕こんにち、生活のあらゆる領域に見られるのは、さまざまな要素の乱雑な混合一般である。こうした乱雑な混合と、免疫学的な他性の欠如とは、互いが互いの原因となっている。異質なものの組み合わせを意味するハイブリッドも、こんにちでは、文化論の言説《ディスクール》だけでなく、生活感情一般においてもよく見られる。だが、こうしたハイブリッドも、免疫化とは正反対のものである。他性に対する免疫学的な知覚過敏は、いかなるハイブリッドも許容しない。

免疫性の根本的な特徴は、否定性の弁証法である。免疫学的に他なるものとは、私の内部へと侵入し、私の固有性を否定しようとする否定的なものである。もしこのとき、私の固有性がこの他なるものの否定性を否定できなければ、私の固有性はこの他なるものの否定性によって滅ぼされてしまう。つまり、私の固有性を免疫学的に自己主張することは、否定を否定することに他ならない。私の固有性は他なるものの否定性を否定することを通じて、この他なるものにおいて自己を主張する。免疫学的な予防、すなわちワクチン接種も、この否定の弁証法に基づいている。ワクチンを接種することで、私の固有性の内部に他なるものの断片が取り入れられ、それに対して免疫反応が引き起こされる。この場合、免疫による防御は他なるもの自身と対峙するわけではないから、否定の否定は死の危険なしに果たされる。つまり、死に至るかもしれない、より大きな暴力から身を守るために、私たちは喜んでみずからに少しばかりの暴力を振るうのである。ところで、「こんにちの社会から」この他性が消滅しつつあるということは、私たちが否定性の乏《とぼ》しい時代に生きていることを意味する。二十一世紀の精神疾患は、たしかに弁証法に基づいてはいるが、それは否定性の弁証法でなく、肯定性の弁証法である。精神疾患とは、**肯定性の過剰**に起因する病理状態である。暴力は否定性からだけでなく肯定性からも生み出されるし、他なるものや異質なものからだけでなく**同質なもの**からも生み出される。ボードリヤールはこの肯定性の暴力を示唆して、次のように書いている。「同質なものによって生きる者は、同質なものによって死ぬ。」[4] また、ボードリヤールは情報システム、コミュニケーション・システム、生産システムといった「現代のあらゆるシステムの肥大化」にも言及する。肥大に対する免疫反応など存在しないのだ、という。しかし、ボードリヤールは同質なものの全体主義を、なお免疫学的な視点《パースペクティヴ》から説明しようとする。この点に、彼の理論の脆弱さが現れている。彼によれば、「免疫、抗体、移植、拒絶反応について、これほど多くのことが語られているのは、偶然ではない。貧しい時代において人々が心を配るのは、吸収と同化である。だが、過剰の時代において問題となるのは、拒絶と排泄である。普遍化されたコミュニケーションと過剰な情報は、人間のあらゆる防御力を脅かしている」という。しかし同質なものが支配的なシステムにおける防御力とは、比喩的な意味でしか語ることのできないものである。というのも、免疫学的な防御が向けられるのは〔自己と同質なものではなく、自己との区別が〕強調された意味での、他なるものや異質なものだからである。同質なものによって、抗体は形成されない。だから同質なものが支配的なシステムにおいては、いくら防御力を強化しても何の意味もない。私たちは、免疫学的な反発と非免疫学的な反発とを区別する必要がある。非免疫学的な反発とは、**同質なものが多すぎること**、すなわち肯定性の過剰に対する反発である。それは、否定性とは何の関係もない。それは、免疫学的な内部空間を前提としないし、この内部から外部へと何かを排除するわけでもない。それに対して、免疫学的な反発とは、他なるものの否定性に対する反応であって、〔過剰や不足といった〕量には左右されない。免疫学的な主体はみずからの内部をもち、この内部に他なるものが少しでも侵入してくると、それを防御し**排除する**。

生産や能力の過剰あるいはコミュニケーションの過剰に由来する肯定性の暴力は、もはや「ウィルス性」のものではない。だから免疫学によって、肯定性の暴力に対処することはできない。肯定性の過剰に直面しての反発は、**免疫学的な防御**ではなく、**消化的・精神的な解除反応**や**拒絶**を意味する。同様に、**多すぎること**に直面しての疲弊、疲労、窒息も免疫学的な反応ではない。これらはすべて**精神的**暴力の現れであり、免疫学的な否定性に起因しない以上、ウィルス的暴力ではない。肯定性および同質的なものの暴力は、他性とは何の関係もない。それにもかかわらず、ボードリヤールの暴力論は、この暴力を免疫学的に記述しようとするため、彼の議論はつねに歪みや不鮮明さを含んでいる。彼は次のように述べている。「ネットワークの暴力や仮想的《ヴァーチャル》なものの暴力とは、ウィルス的暴力である。それは、真綿《まわた》で絞め殺すような暴力であり、遺伝やコミュニケーションによる暴力であり、合意《コンセンサス》による暴力である（中略）。こうした暴力は正面を切って為されるものではなく、感染や連鎖反応や免疫低下によって生じてくるものである。その意味で、これはウィルス的暴力である。また、こうした暴力は否定的・歴史的な暴力とは違い、肯定性の過剰によって引き起こされる。それは、がん細胞が無際限に増殖し、腫瘍化し、転移することで大きくなっていくのと同様である。この意味でも、右に挙げた暴力はウィルス的暴力である。仮想性《ヴァーチャリティ》とウィルス性とのあいだには、隠れた親和性が存在する。」[6]

ボードリヤールによる敵の系譜学によると、敵は、その第一段階においてはオオカミとして現れる。この敵は「外的な敵であり、その攻撃から身を守るために人々は城を築き、壁を立てる」[7]という。次の段階では、敵はネズミのかたちをとる。この敵は建物の床下で活動するので、人々は〔部屋を清潔に保つなど〕衛生学の知識によって戦う。その次の段階では敵はゴキブリのかたちをとり、さらに次の段階ではついにウィルスのかたちをとる。「第四の段階はウィルスである。ウィルスは四次元を機敏に活動する。ウィルスはシステムの中心にも入り込むので、人々はウィルスから上手く身を守ることができない。」[8]「ウィルスがいたるところに潜《もぐ》り込み、力のあらゆる裂け目に侵入してくるように、いまや地球上に広がる幻影《ファントム》のような敵」が現れる。[9]テロの潜伏工作員《スリーパーセル》としてシステムのなかで手はずを整え、このシステムを内部から崩壊させようとする特異《シンギュラリティ》な単独者たちによって、ウィルス的暴力は引き起こされるという。ボードリヤールによると、ウィルス的暴力の主役としてのテロリズムとは、特異《シンギュラー》で単独的なものによる世界的《グローバル》なものに対する蜂起を意味している。

敵とは、それがウィルスのかたちをとったとしても、免疫学の図式《スキーム》に基づいている。敵がウィルスのようにシステムの内部に侵入すると、このシステムは免疫システムのように作動して、侵入者の攻撃を防御する。**しかし、こうした敵の系譜学は、暴力の系譜学とは一致しない**。肯定性の暴力は敵を前提としない。この暴力が展開されるのは、まさに寛容で安全な社会においてである。それゆえ、肯定性の暴力はウィルス的暴力よりも、さらに目に見えない暴力である。肯定性の暴力が内在する空間は、否定性のない、同質なものに満たされた空間である。そこでは、敵と味方、内部と外部、あるいは私に固有なものと異質なものといった対立が生じてこない。

世界が否定なしに肯定されることから、新たなかたちの暴力が生まれてくる。それは、免疫学的に他なるものに由来する暴力ではない。むしろ、それはシステム自体に内在する暴力である。システム自体に内在するがゆえに、この暴力に対しては免疫による防御が作動しない。〔感染ではなく〕心の梗塞に起因し、〔精神疾患を引き起こす〕精神的暴力は、**内在のテロル**である。それは、免疫学的に**異質なもの**によって引き起こされる恐怖《ホラー》とは根本的に異なる。ギリシア神話のメドゥーサは、免疫学的な他者が極大化された姿である。メドゥーサ〔という他者〕を見た者は、その身を滅ぼされてしまう。メドゥーサは極端《ラディカル》な他性を表している。それに対して、精神的暴力は他者という否定性を伴わないので、この暴力はいかなる免疫学のレンズを通しても見えてこない。肯定性の暴力とは、欠如でなく飽和であり、排除でなく包摂である。したがって、この暴力は直接知覚されない。

ウィルス的暴力は、うつ病、注意欠陥多動症（ＡＤＨＤ）、燃え尽き症《バーンアウト》（ＢＳ）といった精神疾患を説明するのに適切な概念ではない。ウィルス的暴力は、依然として、内部と外部、あるいは私に固有なものと他なるものという図式《スキーム》に基づき、システムに敵対する異質な単独者《シンギュラリティ》や他者を前提とする。だが、精神的暴力は、システムにとって異質な否定性から生じるわけではない。むしろそれはシステム的な暴力、つまりシステムに内在する暴力である。うつ病も、注意欠陥多動症（ＡＤＨＤ）や燃え尽き症《バーンアウト》（ＢＳ）も、肯定性の過剰を示している。燃え尽き症《バーンアウト》とは、**同質なものが多すぎること**に起因する過熱状態《オーバー・ヒート》にあって、自我が焼き切れてしまうことである。また、注意欠陥多動症の「多動《ハイパー・アクティビティ》」とは、過剰な活動《ハイパー・アクティビティ》のことであり、その**過剰《ハイパー》**という語も、免疫学の範疇《カテゴリー》ではない。それが端的に意味しているのは、**肯定的なものの大衆化**である。[10]

【訳注】

（5）原語はDie neuronale Gewaltであり、直訳すれば「神経的暴力」だが、本文ではうつ病、注意欠陥多動症（ADHD）、境界性パーソナリティ障害（BPD）、燃え尽き症《バーンアウト》（BS）などの精神疾患と関連づけられているため、「精神的暴力」と訳す。

（6）本書のドイツ語原書は二〇一〇年に刊行されており、コロナウィルスの感染が拡大する二〇二一年現在とは状況が大きく異なる点に留意したい。なお、コロナ禍における本書『疲労社会』の意義については、訳者あとがきにおいて簡単に考察しているので、そちらも参照されたい。

（7）ここでいわれる「梗塞」とは、いわゆる脳梗塞のような血管の梗塞のことではなく、心の状態を表す比喩と思われる。本文でも、このあと「肯定性の過剰」や「過剰な活動《ハイパー・アクティビティ》」について語られるが、能力の主体としての現代人は絶えず能力を発揮し成果を求め続けることで、いわゆる働き過ぎ《オーバー・ワーク》や過剰に活動的《ハイパー・アクティヴ》となり、それが心の飽和状態としての「梗塞」を引き起こす、ということだろう。

（8）二〇〇三年に香港を中心に流行したSARSウィルスもしくは二〇〇五年に東南アジアで流行した鳥インフルエンザのことを指すと思われる。

（9）かつてチリで軍事政権を率いたアウグスト・ピノチェト元大統領が病気療養のためにイギリスに滞在中、軍事政権時代にチリ在住のスペイン人を弾圧した嫌疑で、スペインの司法当局がイギリス当局に元大統領の身柄引き渡しを求めた事件を指すと思われる。二〇〇〇年、イギリス当局は身柄引き渡しに応じず、元大統領のチリ帰国を認めた。その後、元大統領は軍事政権時代の別の殺人・誘拐罪の嫌疑で、チリでも起訴されている。

（10）うつ病については次章「規律《ディシプリン》社会の彼岸」において、注意欠陥多動症の「多動《ハイパー・アクティビティ》」を意味する過剰な《ハイパー・アクティビティ》活動については「深い退屈」と「活動的な生」の各章において、燃え尽き症《バーンアウト》については終章「燃え尽き症《バーンアウト》社会」において、それぞれ考察される。

規律《ディシプリン》社会の彼岸

フーコーが主題化した規律《ディシプリン》社会とは、病院、精神病院、監獄、兵舎、工場といった制度に支えられた社会であったが[11]、それはもはや、こんにちの社会ではない。こうした社会はとっくに別の社会に取って代わられている。それはつまり、フィットネス・スタジオ、オフィスタワー、銀行、空港、ショッピングモール、遺伝子研究所といった制度に支えられた社会である。二十一世紀の社会はもはや規律《ディシプリン》社会ではなく、能力社会である。この社会の住人たちは、もはや「従順な主体」ではなく、能力の主体である。彼らは自分自身を経営する経営者である。かつて人々に規律を与え〔人々を従順な主体へと仕立てた監獄や精神病院などの〕施設の壁は、正常な者たちの空間と異常な者たちの空間とを区切る壁であった。そうした壁も、いまでは古めかしく感じられる。フーコーによる権力の分析は、規律《ディシプリン》社会から能力社会への移行に伴う、心理的で位相的《トポロジー》な変化を説明できない。また、よく使われる「管理社会」という概念も、こうした変化を適切に評価できる概念ではない。この概念は、依然として、あまりにも多くの否定性を含意している。

規律《ディシプリン》社会は否定性の社会である。この社会は禁止という否定性によって規定されている。この社会において支配的なのは、「してはならない〔Nicht-Dürfen／must not〕」という否定の助動詞である。同様に「すべき〔Sollen／should〕」という当為の助動詞にも、強制という否定性が付随している。しかし、現代の能力社会はこうした否定性からますます解放されていく。規制緩和の進展は、禁止の否定性を撤廃していく。制限や限界を突破する「**できる**〔**Können／can**〕」という能為の助動詞こそが、能力社会を体現する肯定の助動詞である。この助動詞の集合的複数形を使った肯定文「**私たちはできるのです**〔**Yes, we can**〕」〔とは、よく使われるスローガンであるが〕これは、まさに能力社会の肯定性という特徴を表現したものである。禁止、命令、規則は、計画《プロジェクト》、自発性《イニシアチブ》、動機《モチベーション》づけに取って代わられる。規律《ディシプリン》社会を支配していたのは、否定詞の「**否**《ノー》**〔Nein〕**」であった。規律社会《ディシプリン》の否定性が生み出したのは、〔禁止や命令に従わない者としての〕狂人や犯罪者であった(12)。それに対して能力社会が生み出すのは、〔然々《しかじか》することができない者としての〕うつ病患者と無能な人間である。

規律社会《ディシプリン》から能力社会への移行に伴う物の見方の変化《パラダイム・チェンジ》は、ある次元では連続性も示している。**社会的無意識**に一貫して内在しているのは、紛れもなく、生産性を最大化するための努力である。だが、生産性が一定の水準に達すると、規律社会《ディシプリン》と禁止の否定図式《スキーム》は限界に突き当たる。そして生産性をさらに向上させるため、規律という物の見方《パラダイム》は、能力という物の見方《パラダイム》と「できる」の肯定図式《スキーム》に取って代えられる。というのも、生産性が一定の水準に達すると、禁止という否定性は生産を妨害する方向に作用し、生産のさらなる向上を阻害するからである。いまや「すべき」という否定性よりも、「できる」という肯定性の方がはるかに効果的である。だから、社会的無意識のスイッチは「すべき」から「できる」に切り替わる。規律に従順な主体よりも、能力の主体の方が迅速《スピーディ》で生産的なのである。とはいえ、「できる」という能為は「すべき」という当為を取り消すわけではない。能力の主体は、依然として規律化された主体である。この主体は規律という段階を修了したのである。規律の技術によって、つまり「すべき」という当為の命法によって達成された生産性の水準は、「できる」という能為によってさらに押し上げられる。このように、生産性の向上に関して「すべき」と「できる」のあいだにあるのは、断絶ではなく連続である。

アラン・エーレンバーグは、うつ病を規律社会《ディシプリン》から能力社会への過渡期に位置づけている。「人々の行動を支配《コントロール》する規律社会《ディシプリン》のモデルは、権威的に物事を禁止するような仕方で、人々に社会の階級や性別に応じた役割を割り当てる。この規律社会《ディシプリン》のモデルが、社会の新たな規範のために放棄されると、うつ病がはじまる。新たな規範は、各人に個人の自発性《パーソナルなイニシアチブ》を要求し、自分自身になることを義務づける。（中略）うつ病患者は体調がすぐれない。彼は自分自身にならなければと努力することに疲弊している。[10]」ここで問題なのは、エーレンバーグがうつ病を自己の経済学〔Ökonomie des Selbst〕という観点からのみ考えている点である。彼によれば、ただ自分自身にふさわしい存在になれ、という社会の命法が、うつ病を引き起こしているという。つまり、後期近代の人間が自分自身になることに失敗したとき、そのことの病理的な表出がうつ病なのだという。しかし、うつ病は人間関係の希薄化の結果でもある。人間関係の希薄化は、ますます断片化しアトム化する現代社会の特徴でもある。ところが、エーレンバーグはうつ病のこの位相《アスペクト》を説明しない。また、能力社会に内在し、**心の梗塞**を引き起こす**システムの**暴力も見落としている。自分自身にふさわしい存在になれという命法ではなく、**能力を発揮し成果を生み出すことへのプレッシャー**[13]によって、人々は疲弊し、うつ病を患《わずら》うのである。こうして見ると、〔うつ病と同時によく見られる〕燃え尽き症《バーンアウト》は、疲弊した**自己**というよりも、むしろ疲弊し燃え尽きた心を表現したものだといえる。エーレンバーグによれば、規律《ディシプリン》社会の命令や禁止が、自己責任や自発性《イニシアチブ》に取って代えられるとき、うつ病は社会に蔓延《まんえん》していくという。しかし、じっさいにこの病《やまい》を引き起こしているのは責任や自発性《イニシアチブ》の過剰ではなく、後期近代の労働社会における新たな**命令**としての、能力の命法である。

エーレンバーグは、現代の人間類型を、ニーチェが考えるような主権的人間と同一視しているが、これは間違いである。「主権的人間とは、自分自身に似つかわしい人間である。こうした人間の到来をニーチェは予言していたが、いまやそれは一挙に現実となりつつある。この人間の上には何も存在せず、彼が何になるべきかを彼に指示しうるものは何もない。なぜなら、彼は自分がただ自分自身にふさわしい存在であると主張するからである。[11]」そうエーレンバーグは述べている。だが、まさにニーチェだったら、こういうだろう。この一挙に現実となりつつある人間類型とは、主権的な超人〔Übermensch〕ではなく、ただ**労働する**だけの末人〔der letzte Mensch〕である、と。[12]新たな人間類型は肯定性の過剰に無防備に曝されており、この人間には主権がまったく欠けている。うつ病の人間とは**労働する動物**〔**animal laborans**〕であり、この動物は自分自身から搾取する。しかも他者に強制されることなく、自発的にそうするのである。この動物は加害者であると同時に、被害者である。自己とは、他者との区別が強調される意味においては、なお免疫学の範疇《カテゴリー》である。しかし免疫学的な図式《スキーム》によって、うつ病を理解することはできない。うつ病が発症するのは、能力の主体がもはや何も**できない**ときである。うつ病とは、第一に、**何かを為すことに疲れ、できることに疲れた状態**である。うつ病の個人は、**何もできない**と訴える。だが、こうして訴えることができるのは、**できないことは何もない**と信じている社会だからこそである。もはや何もできないということができる、こうした事態が行き着く先は、破壊的な自己批判や自虐である。能力の主体は、自分自身と戦っている。そしてこの内面化された戦いの負傷兵が、うつ病患者である。うつ病とは、肯定性の過剰に苛《さいな》まれた社会の病理である。それは、自分自身と戦う人類を反映している。

能力の主体は、外的な支配の審級から自由であり、誰かに労働を強いられたり、搾取されたりしない。能力の主体は、自分自身の主人であり主権者である。だから、この主体は何者にも従わず、ただ自分自身にのみ従う。この点において能力の主体は、規律《ディシプリン》社会の従順な主体とは異なる。しかし、支配の審級が無くなることで、「ほんとうに」自由がもたらされるわけではない。むしろ自由と強制は重なりあう。能力の主体は自分の能力を発揮して成果を最大化するために、**強制する自由**ないし**自由な強制**に身を委ねている。[13] 労働と能力の過剰によって、自己搾取がはじまる。自己搾取には自由の感情が伴うので、自己から搾取する方が、他者から搾取するよりも効率的なのである。搾取する者は、同時に搾取される者でもある。もはや加害者と被害者は区別できない。こうした自己搾取としての自己関係からは、逆説的《パラドキシカル》な自由が生み出される。

それは自由に内在する強制の構造に基づいて、暴力へと転化するような自由である。まさにこうした逆説的《パラドキシカル》な自由が病理的に発現したもの、それが、能力社会における心の病《やまい》である。

【訳注】

（11）ミシェル・フーコー（一九二六年―一九八四年）は、現代フランスの哲学者。社会における権力と主体の形成の分析で知られる。フーコーは『狂気の歴史』において、それまで社会に放置されていた狂人たちが、十七世紀頃から排除され監禁されるようになった歴史を分析する。それは産業社会の勃興に伴い、労働力の確保という観点から、労働できない者を幽閉し見せしめにするためであったという。同じような理由で、犯罪者や浮浪者や貧民なども「非理性」の住人として収容されたという。フーコーによれば、このように狂気をはじめとする「非理性」を区別し排除することによって、近代理性は成立したという。同様に「労働する人間」という近代人の同一性《アイデンティティ》は、自分たちを労働しない人間・できない人間という他者から区別し、自分たちを彼らと対照《コントラスト》化することによって成立したという。

さらにフーコーは『監獄の誕生』において、近代における犯罪者の刑罰制度の変化に注目する。それまでの刑罰制度は犯罪者の身体を痛めつけ、見せしめにすることを主眼としていたが、十七世紀頃から刑罰制度の目的は、犯罪者の更正と社会復帰へと変わっていく。フーコーによれば、それは犯罪者の違法行為よりも、犯罪者の人格の非行性を問題視し、この人格を監獄における規律のテクノロジー（パノプティコン）によって、社会に従順な主体へと改造することに他ならないという。こうして社会の権力は、異質な他者を排除することから、従順な主体に規律することへと変化した。フーコーによれば、この規律のテクノロジーは監獄だけでなく、学校、病院、兵舎、工場などあらゆる場所に適用され、社会を覆っているという（杉田敦『権力論』、岩波書店（岩波現代文庫）、二〇一五年、一八三―一九二頁を参照）。

(12) 訳注1を参照。

(13) 本書でたびたび言及される「能力」という語のドイツ語はLeistungであり、これには「能力」という意味の他に、能力を発揮した結果としての「成果」や「業績」という意味がある。本書ではLeistungを「能力」と訳すが、「成果」という意味合いが強い場合には、それが分かるように訳を補う。

深い退屈

肯定性の過剰は、刺激の過剰、情報の過剰、衝動の過剰としても現れる。こうした過剰によって、私たちの注意の構造と注意の経済《アテンション・エコノミー》は根本的に変化し、知覚は断片化し散漫となる。また増大する労働負担のために、時間と注意に関する特異な技術《テクニック》が必要となり、それが注意の構造にふたたび影響を及ぼす。この特異な技術《テクニック》とは、複数の作業を同時に処理するマルチタスクのことであるが、それは文明の進歩を意味しない。マルチタスクは、後期近代の労働社会および情報社会に生きる人間だけに可能な能力ではない。むしろそれは退化である。マルチタスクは野生動物にも広く見られる。注意に関する技術《テクニック》は、野生を生き抜くためにも必要不可欠なものである。

動物は捕食することに集中しながら、同時に他の課題《タスク》にも取り組まなければならない。たとえば、自分が食べている獲物を、他の動物から遠ざけておく必要がある。捕食中に自分が食べられないよう、つねに注意しなければならない。同時に、自分の子どもたちやパートナーからも目を離してはならない。このように、動物は野生のなかで、さまざまな活動に自分の注意を振り分けなければならない。だから、動物は——捕食のさいにも、交尾のさいにも——物事に観想的に没入することができない。動物が対象に観想的に没入できないのは、同時にこの対象の背景にも対応しなければならないからである。広範に渡るが表面的な注意は、マルチタスクだけでなく、コンピュータゲームのような活動によっても生み出されるが、それは野生動物が周囲を警戒する仕方と似ている。近年の社会発展と注意の構造変化によって、人間社会はますます野生に近づいている。たとえば、最近では、いじめが大流行している。善く生きることは、他者たちと共に上手く生きることでもある。しかし、そうした善き生を気遣う《ゾルゲ》ことの代わりに、いまや、たんに生存することが、ますます人々の関心事《ゾルゲ》となっている。

哲学を含めて人類の文化的所産は、深い観想的な注意から生み出されたものである。

文化が必要としているのは、深い観想的な注意が可能な環境である。しかし観想的な注意は、それとはまったく別種の過剰な注意《ハイパー・アテンション》によって、ますます隅へと追いやられている。過剰な注意《ハイパー・アテンション》は、さまざまな課題《タスク》や情報源《インフォ・ソース》や処理《プロセス》のあいだで素早く焦点を切り替えていくような、散漫な注意である。過剰な注意《ハイパー・アテンション》は、退屈を我慢することを知らない。だから、創造的《クリエイティブ》なプロセスに欠かせない、深い退屈も許容できない。深い退屈のことを、ヴァルター・ベンヤミンは「経験という卵をかえす夢の鳥」[14]と呼ぶ。睡眠が身体的なリラックスの頂点《ピーク》であるならば、深い退屈は精神的なリラックスの頂点《ピーク》であるという。せっかちなだけでは、新しいものは何も生まれない。せっかちは、既存のものを再生産し、そのスピードを加速させるだけである。しかし、夢の鳥の住まう、リラックスと時間という巣は、近代においてますます消えていくと、ベンヤミンは嘆く。もはや、〔人々が時間をかけて〕「糸を紡ぎ、機を織る」ことはないという。退屈とは「暖かい灰色の肩かけ《ショール》であり、その内側には熱く輝く多彩な絹《きぬ》の裏地がつけられていて」、「私たちは夢を見るとき、この肩かけ《ショール》に身を包《くる》んでいる。[15]」私たちは「この肩かけ《ショール》のアラベスク模様の裏地のなかで、くつろいでいる。」だが、こうしたリラックスの機会がなくなるとともに、「耳を傾ける能力」も失われ、「耳を傾ける人々の共同体《コミュニティ》」もなくなってしまうという。[14] こうした共同体《コミュニティ》は、私たちの活動社会の対極にある。「耳を傾ける能力」は、まさに深い観想的な注意の能力に基づいている。それは、過剰に活動的な自我《ハイパー・アウティヴ》には獲得できない能力である。

歩きながら退屈を感じ、この退屈に我慢できない人は、落ち着かずにせかせかと歩き回ったり、あれこれの活動を求め歩いたりする。しかしもっと退屈を我慢できる人は、しばらくすると、おそらく歩くことそれ自体が退屈であることに気がつく。そこで、彼はまったく新たな運動を考えだそうとする。駆けたり走ったりすることは、新しい歩き方ではない。それは歩くスピードを上げただけである。それに対して、たとえば踊《おど》ったり軽やかに舞い上がったりすることは、まったく異なる運動である。踊《おど》ることができるのは人間だけである。おそらく彼は歩いているときに、深い退屈に襲われたのだろう。だが、深い退屈に襲われることで、彼の足取りは駆け足から舞踏《ダンス》のステップへと変化する。歩行が直線的な運動であることに比べると、舞踏《ダンス》は飾り立てられた運動を伴う。それはひとつの贅沢であり、〔活動の成果や効率を追求する〕能力の原理からはかけ離れたものである。

「観想的な生［vita contemplativa］」ということで、この生がもともと息づいていた世界が、ふたたび呼び起こされる必要はない。そうした世界は、ある種の存在経験と結びついていた。それは、美しいものと完全なるものが永久不変に存在し、いかなる人間の手も届かないところにある、という［プラトンの真実在《イデア》のような］存在を経験することである。こうした存在経験と結びついた世界の根本気分は、**驚き**である。それは、人間による制作の可能性やプロセスなしに、物が**そのように存在している**ことへの**驚き**である。この**驚き**は、近代のデカルト的**懐疑**に取って代えられてしまった。しかし観想する能力は、かならず不変の**存在**にのみ関わるわけではない。宙を浮いているようではっきりしないもの、地味で見栄えしないもの、すぐに消え去るはかないもの、こうしたものが明らかとなり、私たちに理解されるのも、ただ深い観想的な注意によってである。[16] 長く持続しゆっくりと動くものへと接近することも、それに観想的にとどまることによってのみ可能となる。持続という形態と状態は、過剰な活動《ハイパー・アクティビティ》によっては捉えられない。ポール・セザンヌは深い観想的な注意の達人であったが、彼はある日、物の匂《にお》いすら**見える**ことに気がついた。匂《にお》いを可視化するためには、深い注意が必要となる。観想的な状態において、人はいわば自己から飛び出し、この**自己**を物のなかへと没入させる。こうした仕方でセザンヌが風景を観想的に観察する様子を、メルロ＝ポンティは〔自己の〕外化あるいは脱内面化として説明している。「セザンヌは、まず風景の地質学的な層を明らかにしようとした。次に、彼はその場からもはや動かず、夫人によると、顔から目が飛び出すくらいに、ただじっと風景を見つめていた。（中略）そして風景が私のなかで思考され、私が風景の意識となった、とセザンヌは語った。[17]」ただ深い注意によってのみ、「目は落ち着かずにあちらこちらを見る」のを止め、**集中**が生み出される。そしてこの集中によって、「自然の定めない手をつなぎ合わせる」ことが可能となる。(15) この観想的な集中なしには、視線は落ち着かずにあちらこちらを彷徨《さまよ》い、何も表現できない。だが、芸術とは、ひとつの「表現行為」である。もしも人間の生から一切の観想的な要素が排除されるならば、人間の生は致命的な過剰な活動《ハイパー・アクティビティ》のなかで終わるだろう。このことは、**存在**を意志に取って代えたニーチェでさえ知っていたことである。「落ち着きのなさのために、私たちの文明はひとつの新たな野蛮に終わる。活動的な連中が、つまり落ち着きのない連中が、これほどまでに幅をきかせた時代はかつてなかった。それゆえ、人類の性格を矯正することが必要不可欠であり、それは、観想的な要素を大幅に強化することである。[18]」

【訳注】

（14）原文には出典が欠けているので、これを補う。Walter Benjamin, "Der Erzähler", in: ders., *Gesammelte Schriften*, hrsg. von Rolf Tiedemann und Hermann Schweppenhäuser, Bd. II-2, Suhrkamp: Frankfurt a. M. 1977, S. 446／ヴァルター・ベンヤミン、三宅晶子訳「物語作者」、浅井健二郎編訳『ベンヤミン・コレクション２ エッセイの思想』、筑摩書房（ちくま学芸文庫）、一九九六年、所収、二九九—三〇〇頁。

（15）原文には出典が欠けているので、これを補う。Maurice Merleau-Ponty, "Der Zweifel Cézannes", in: ders., *Sinn und Nicht-Sinn*, übers. von Hans-Dieter Gondek, Fink: München 2000, S.22／モーリス・メルロ＝ポンティ、粟津則雄訳「セザンヌの疑惑」、滝浦静雄・粟津則雄・木田元・海老坂武訳『意味と無意味』、みすず書房、一九八三年、所収、一二一—一三頁。

活動的な生

ハンナ・アーレント[16]はその著書『活動的な生』において、西洋哲学の伝統である観想的な生の優位に対して、活動的な生の復権をはかり、この生の内面の多様性を新たに解釈しようと試みた。アーレントによると、西洋哲学の伝統のなかで活動的な生は、不当にも、たんなる落ち着きのなさへと、つまりラテン語やギリシア語でいうところの、**暇がないこと**〔**nec-otium**／**a-scholia**〕の意味へと貶《おとし》められてしまった。[19] アーレントはこの活動的な生を新たに定義し、それを〔思考に対する〕行為の優位と結びつける。そのさい、彼女は師のハイデガーと同じく、英雄的《ヒロイック》な行為主義へと傾倒する。とはいえ、ハイデガーの場合、決意された行為は死という現象から説明される。〔私たちの生は永遠に続くものではなく、それどころか、私たちはいつでも死にうる。こうした」死の可能性から、私たちは自分の行為には限界があり、自由が有限であることを理解するという。それに対して、アーレントは行為の可能性を誕生という現象から説明するが、それによって行為の英雄的《ヒロイック》な性格はいっそう強調される。人間は誕生したことで、行為し、新たに始めなければならないが、人間がこうして誕生したこと自体が、そして新たに始めることが、奇跡だという。いまや奇跡を起こすのは信仰ではなく、行為となる。奇跡を起こすのは英雄的《ヒロイック》な行為であり、人間は誕生したことで、こうした行為へと義務づけられているという。こうして、行為は宗教的ともいえる次元を含むこととなる。[20]

アーレントによれば、労働社会としての近代社会は、人間を**労働する動物**へと引き下げることで、行為のあらゆる可能性を打ち砕いてしまうという。[17]行為は新たなプロセスを能動的《アクティヴ》に始める。しかし、近代人は「行為ではなく、労働とその動物的な」匿名の生命プロセスのなかへと受動的に身を委ねてしまっているという。思考さえも「たんなる」脳機能としての計算能力へと落ちぶれてしまう。活動的な生のあらゆる形態は、制作や行為という形態も含めて、労働の水準へと引き下げられてしまうという。

アーレントの見るところ、近代は人間の能力の一切が英雄的《ヒロイック》で、信じられないほど活動的になることから始まったが、致命的なほどの受動性のなかで終わりをむかえる。

労働する動物の勝利というアーレントの説明と同様に重要なのは、現代社会の発展に関する彼女の考察である。アーレントによると、近代において個々人の生は、「〔動物的な〕生命のプロセスの流れのなかに完全に沈み込んでしまった。この生命のプロセスにとって重要なのは、〔個人ではなく生物種としての〕類である。」個人に唯一残された能動的《アクティヴ》な決断は、類の一部としてより良く「機能する」ために「いわば自分自身を放棄し、自らの個人としての在り方を断念する」決断だという。[21]「社会が発生し拡大していくなかで、けっきょくのところ、〔個人ではなく〕人間の種としての類的な生が唯一絶対化され、勝利をおさめる。[22]」労働の絶対化は、こうした社会の発展と関連している。「ダーウィン以来、人間の祖先と見なされている動物へと、人間はまさに姿を変えようとしているのかもしれない。[23]」だが、アーレントによれば、こうした危険を知らせる信号《シグナル》さえ遮断されてしまうかもしれないという。彼女が考えるに、人間のあらゆる活動を世界の十分に離れた地点から眺めて見るならば、あらゆる活動はもはや活動ではなく、生物学的なプロセスに見えるという。そのさい、世界の離れたところから眺める観察者にとって、社会の自動車化《モータリゼーション》は生物学的な突然変異のプロセスのように見えるだろう。この突然変異のなかで、人間の身体はカタツムリのように金属の殻に覆われていく。それは細菌が抗生剤に対して耐性をもつ種類へと突然変異し、この抗生剤に対応していくのにも似ている。[24]

このようにアーレントは近代の人間を**労働する動物**として説明する。しかしそれは、現代の能力社会で私たちが観察できるものとは合致しない。後期近代の**労働する動物**としての私たちは、自分の個性や自我をそもそも放棄していないし、類としての、個性のない匿名の生命プロセスのなかに埋没して労働しているわけでもない。むしろ労働社会が個人主義化することによって、こんにちの能力と活動を重視する社会は成り立っている。後期近代の**労働する動物**としての私たちは、余すところなく自我で飾り立てられている。そして**労働する動物**はまったく受動的でない。反対に、もし人間が自分の個性を放棄して、類のプロセスのなかに完全に沈み込んでいるならば、少なくとも、この人間はほんとうの動物がもっている平静さ《ゲラッセンハイト》を享受できるだろう。つまり、後期近代の**労働する動物**としての私たちは、厳密に考えてみれば、まったく動物的ではない。〔ほんとうの動物と違って〕**労働する動物**は、過剰に活動的《ハイパー・アクティヴ》であり、過剰なノイローゼ状態にある。後期近代において、なぜ人間のあらゆる活動は労働という水準にまで引き下げられてしまうのか。そのうえ、なぜ神経質なほど忙《せわ》しないのか。こうした問いに対して、私たちはアーレントとは別の答えを探し求める必要があるだろう。

近代とは信仰を喪失した時代であるが、それは神や彼岸《ひがん》だけでなく、現実性《リアリティ》そのものに対する信念の喪失でもある。その結果、人間の生は根本から儚《はかな》いものとなってしまった。こんにちほど人間の生が儚《はかな》かったことは、かつて一度もなかった。根本から儚《はかな》いものとなったのは人間の生だけでなく、世界そのものでもある。持続や存立を約束してくれるものは何もない。持続や存立としての**存在**が欠けてくると、人々は神経質になり不安に苛《さいな》まれる。もし私たちにとって〔個人ではなく生物種としての人間という〕類に属していることがなお重要であったならば、この類の〔持続と存立の〕ためにに労働する動物としての私たちは、それによって、動物的な平静さ《ゲラッセンハイト》を得ることができただろう。しかし後期近代の自我としての私たちは、〔類に従属するどころか、〕お互いに個別化され孤立して生きている。さまざまな宗教は死を受け入れる技法として、死の不安を取り除き、持続の感情を与えてくれるが、こうした宗教も使い古されてしまった。世界の脱物語化という趨勢《すうせい》は、儚《はかな》さの感情を強めていく。〔個々人の個性や人生という〕上皮が剥《は》ぎ取られ、生は〔生物学的な生という〕剥《む》き出しの状態となる。まさにこの剥《む》き出しの生にふさわしい活動が、剥《む》き出しの労働である。たんなる労働とたんなる生とは、お互いがお互いの前提となっている。死を迎える技法は〔生を個人の有意義な人生として〕物語ってくれるものであったが、そうした技法が失われることで、私たちはこの剥《む》き出しのたんなる生を、なんとしても健康に維持しなければならなくなる。ニーチェが語ったように、神が死んだあとでは健康が女神となる。反対に、もしこの剥《む》き出しの生を越えた意味の地平というものがあるならば、健康はこれほどまで絶対化されえないだろう。

こんにちの私たちの生は、イタリアの現代哲学者ジョルジョ・アガンベンのいうホモ・サケルの生以上に剥《む》き出しの状態にある。ホモ・サケルとは、もともとは古代ローマにおいて罪を犯したために社会から排除された人々のことであった。彼らを殺しても、人は罪に問われない。アガンベンによれば、ホモ・サケルとは、絶対的に殺害可能な生を意味する。〔現代の〕**ホモ・サケル**として、アガンベンが説明するのは、強制収容所のユダヤ人やアメリカ軍のグアンタナモ捕虜収容所の囚人《しゅうじん》である。それに不法移民や、法の適用されない空間で国外退去処分を待つ難民もそうである。さらに体中にチューブが巻きつけられ、植物状態で生きている集中治療室の患者もそうだという。だが、後期近代の能力社会において、私たち**みんな**が剥《む》き出しの生へと還元されてしまうならば、社会の周縁や例外状態に置かれている人々だけでなく、つまり社会から排除された人々だけでなく、私たちみんなが、例外なく**ホモ・サケル**となる。とはいえ、**ホモ・サケル**としての私たちは絶対的に殺害可能なのではなく、むしろ絶対的に殺害不可能である。この点に、ホモ・サケルとしての私たちの特異性がある。私たちは、いわば**生きた屍**《アンデッド》なのである。ここで**サケル**〔**sacer**〕というラテン語は、「呪われた」ではなく「聖なる」というこの語本来の意味となる。いまや、たんなる剥《む》き出しの生自体が聖別され、いかなる犠牲を払っても維持すべきものとされる。(18)

こうした剥《む》き出しの、根本から儚《はかな》いものとなった生に対して、私たちが反応する仕方は、過剰な活動《ハイパー・アクティビティ》であり、労働と生産のヒステリーである。こんにちの社会の加速化《スピード》も、持続や存立という意味での存在の欠如と大いに関係している。労働と能力の発揮による成果を重視する社会は、自由な社会ではない。この社会は新たな強制を生み出す。〔ヘーゲルが考えたのとは違って、〕主人と奴隷の弁証法は、最終的に各人が自由人となり、余暇《ひま》を見つけられる社会には行き着かない。この弁証法の行き着く先は、むしろ主人自身が労働の奴隷となってしまう労働社会にある。この労働を強制する社会では、各人がみずからの強制労働収容所を携行している。この強制労働収容所の特異性は、ここでは囚人《しゅうじん》が同時に看守であり、犠牲者が同時に加害者であるという点にある。人々は自己自身から搾取するのである。こうして、搾取が支配なしに可能となる。うつ病、境界性パーソナリティ障害（ＢＰＤ）、燃え尽き症《バーンアウト》（ＢＳ）を患《わずら》う人々は、ナチスの強制収容所のイスラム教徒《ムーゼルマン》に見られたような症状を示す。強制収容所のイスラム教徒《ムーゼルマン》とは、気力を削がれて衰弱しきった〔ユダヤ人の〕囚人のことであるが、[19]彼らは、急性期のうつ病患者のように、完全に感情や関心を失って《アパシーの状態で》しまい、もはや身体の寒さと看守の命令さえ区別できない。精神疾患を患う後期近代の**労働する動物**自身も、こうしたイスラム教徒《ムーゼルマン》ではないだろうか。そう疑わずにはいられない。もちろん、そこには違いもある。収容所のイスラム教徒《ムーゼルマン》とは違い、現代の**労働する動物**は十分に食事をとることができ、肥満であることも珍しくない。

アーレントは『活動的な生』の最終章において、**労働する動物**の勝利について論じている。こうした社会の発展に対して、アーレントは何の有効な代替案《オルタナティブ》も打ち出していない。彼女はただ諦《あきら》めの境地で、〔労働ではなく〕行為する能力がごくわずかなものに限定されてしまっている事実を確認するだけである。ところが、この本の最後の頁で、アーレントは何の前置きもなく、行為ではなく思考について語りはじめる。彼女によれば、**労働する動物**の勝利という否定的な方向へと社会が発展するなかで、思考はほとんど被害を被らなかったという。たしかに世界の未来を左右するのは思考でなく、行為する人々の力である。しかし人間の未来にとって、思考は重要なものである。というのも思考とは、活動的な生におけるさまざまな活動のなかで、もっとも活動的な活動であり、その純粋に活動的であることにかけては、他のあらゆる活動に優《まさ》っているからである。そのようにアーレントは考える。そして彼女は『活動的な生』という本を次の言葉で締めくくる。「思考という経験をよく知っている者は、カトーの次の言葉に同意せざるをえないだろう。（中略）『外見上は何もしていないときにこそ、人はもっとも活動的であり、孤独において自分だけでいるときにこそ、もっとも独りでない。[20]』」だが、この最後の一文は、一時しのぎの間に合わせのようにも聞こえる。「活動的であるという経験」が「もっとも純粋に」現れるような思考とは、いったい何によって方向づけられているのだろうか。まさに活動的であることが強調されることで、それは後期近代を生きる能力の主体の過剰な活動《ハイパー・アクティビティ》やヒステリーと似通ってしまう。アーレントが『活動的な生』の締めくくりに引用する古代ローマの哲学者カトーの言葉も、少し場違いに聞こえる。カトーのこの言葉は、もともと彼と同時代のキケロの論考『国家について』に引用されている〔かたちで、こんにちまで伝えられており、アーレントもこのキケロの引用を孫引きしている。〕アーレントが引用する箇所で、キケロは読者に「法廷」と「人混み」から身を引き、観想的な生という孤独のうちに戻ることを勧めている。そしてキケロはカトーの言葉を引用した直後の箇所で、ことさらに観想的な生を賞賛している。活動的な生ではなく、観想的な生によってこそ、はじめて人間は自分がなるべき存在になるという。だが、ここからアーレントは強引にも、活動的な生への賞賛を引き出している。〔キケロと彼が引用する〕カトーが述べる孤独も、それは観想的な生の孤独であって、アーレントが繰り返し語る「行為する人間の力」と容易に折り合うものではない。つまりアーレントは『活動的な生』の終わりにおいて、意図せずも、観想的な生を擁護してしまっているのだ。人間の観想する能力の喪失は、活動的な生の絶対化と密接に関連している。それゆえ、観想する能力の喪失が、近代の活動社会におけるヒステリーや神経質の原因でもあるのだが、このことにアーレントは気づいていない。

【訳注】

(16) ハンナ・アーレント(一九〇六年–一九七五年)は、ユダヤ系ドイツ人の哲学者。はじめマルティン・ハイデガー(一八八九年–一九七六年)のもとで学び、その後カール・ヤスパース(一八八三年–一九六九年)のもとで博士号を取得する。ドイツでナチスが台頭すると、迫害から逃れるためアメリカに亡命し、戦後も当地にとどまり思索を続けた。代表的な著作としては、全体主義の問題を論じた『全体主義の起源』や、公共性について論じた『活動的な生』(英語版は『人間の条件』)などがある。

『活動的な生』において、アーレントは人間の活動的な生を行為（英語版では活動）、仕事、労働の三つに分ける。そのうち一番目の行為だけが言語を伴って、直接人々のあいだで行われる活動であり、それは複数性という人間の条件に基づいている。アーレントはこうした複数性に基づく行為を、本来の政治的行為の範疇《カテゴリー》と見なしている。それに対して、二番目と三番目の活動である仕事と労働は生産物を生み出す活動であり、直接的には人ではなく生産物と関わる。アーレントによれば、仕事と労働の違いは、その生産物の耐久性にあるという。仕事が作り出すのは耐久性をもった使用対象物であり、人間はそれによって自然のプロセスから離脱し、人工的な世界を作り出す。それに対して、労働が作り出すのは人間の生命を維持するために必要な消費財であり、それは作られるとすぐ消費されてしまう。生命を維持するための労働と消費は人間に特有な活動というよりも、生物学的な生命のプロセスと見なせる。アーレントによれば、近代社会における労働生産力の拡大は仕事と労働の区別を無効化し、耐久性をもった使用対象物をも消費財にしてしまうという。このように使用対象物が耐久性を失うことで、それらから成り立っていた人工の世界も失われ、人間は自然の生命プロセスのなかに閉じ込められてしまうという。それゆえ、アーレントは、労働という活動が支配的となった近代社会を「労働する動物の勝利」と呼ぶ（川崎修『ハンナ・アレント』、講談社（講談社学術文庫）、二〇一四年、三〇六―三二四頁を参照）。

(17) 訳注1を参照。

(18) この段落の議論は、本書の終章「燃え尽き症《バーンアウト》社会」の最後において、より詳しく論じられる。

(19)「強制収容所のイスラム教徒《ムーゼルマン》」とは、ナチス・ドイツの強制収容所で使用された隠語であり、衰弱して死に瀕しているユダヤ人の囚人たちのことである。アガンベンによると、この隠語の起源ははっきりしないが、衰弱して体温が下がったユダヤ人たちが寒さに震えている様子や、足を折りたたみ顔を硬直させて地面にうずくまる姿が、アラブ人が祈っているように見えたからともいわれる。アガンベンによれば、「いずれにしても、たしかなことは、ユダヤ人は——一種の残虐な自嘲とともに——自分たちがアウシュヴィッツでユダヤ人として死んでいくのではないことを知って」いたという（ジョルジョ・アガンベン、上村忠男・廣石正和訳『アウシュヴィッツの残りもの——アルシーヴと証人』、月曜社、二〇〇一年、五七頁）。

(20) 原文には出典が欠けているので、これを補う。Hannah Arendt, *Vita activa oder Vom tätigen Leben*, Piper: München 1981, S. 415／ハンナ・アーレント、森一郎訳『活動的生』、みすず書房、二〇一五年、四二四—四二五頁。志水速雄訳『人間の条件』、筑摩書房（ちくま学芸文庫）、一九九四年、五〇四頁。なお、カトーの言葉はキケロの『国家について』に引用されることで、こんにちに伝わっている（キケロ、岡道男訳「国家論について」第一巻一七、岡道男訳『キケロー選集8』、岩波書店、所収、二八頁）。アーレントが『活動的な生』の最後にカトーの言葉を引用することに関して、著者のハンは彼女が「意図せずも、観想的な生を擁護してしまっている」と解釈する。しかし、森一郎によれば、カトーのこの言葉はアーレントの『精神の生』

の冒頭にも引用される一句であり、彼女が「活動的な生」から「精神の生」へという道筋を当初から予定していたことを伺《うかが》わせるという（森一郎訳『活動的生』五一七頁、訳注11）。

見ることの教育学

観想的な生を送るためには、見ることの特別な教育が必要である。ニーチェは『偶像の黄昏《たそがれ》』において、私たちが教育者を必要とする三つの課題について述べている。すなわち、私たちは**見る**すべを習得し、**思考する**すべを習得し、**話し**かつ**書く**すべを習得しなければならない。ニーチェによれば、これらを学ぶことの目標は「高貴な文化」にあるという。(21)**見る**すべを学ぶとは、「目に落ち着きや忍耐を身につけさせ、〔見られる対象が〕みずから現れ出るのを認めるよう躾《しつ》ける」(22)ことだという。つまり、深い観想的な注意をもって、長くゆっくりとした眼差《まなざ》しで見ることができるようになることである。見るすべを学ぶことは、「精神性へ到達するための**最初の**準備教程」(23)だという。私たちは「刺激に**すぐ**反応するのでは**なく**、刺激を抑制し遮断する習性を身につけることを」学ばねばならない。反対に、粗野《そや》な態度とは、「刺激に抵抗できない無能」つまり、この刺激に「否《ノー》」を対置できない無能に起因するという。(24)すぐに反応し、そのつどの刺激に従ってしまうことは、すでにひとつの病《やまい》であり、ひとつの没落であり、疲弊の症状である。このように述べることでニーチェがいわんとしているのは、観想的な生を復興させることの必要性に他ならない。観想的な生とは、受動的に自己を開くこと、つまり起こり生じてくることのすべてを、「**然り**《イエス》」といって認めてしまうことではない。むしろ観想的な生は、押しつけがましく迫ってくる刺激に抵抗する。そしてみずからの目を外的な刺激に委ねる代わりに、主権的な態度でそれを眼差《まなざ》す。観想的な生は「否《ノー》」といえる主権的行為であり、精神的に疲弊した症状である過剰な活動《ハイパー・アクティビティ》の一切よりも活動的である。活動は過剰に活動的《ハイパー・アクティヴ》なものへと先鋭化すると、かえって過剰に受動的なものへと転換してしまう。そして、この過剰に受動的な状態において、私たちはいかなる衝動や刺激にも抵抗できず従ってしまう。これが、アーレントの見逃している、活動的なものの弁証法である。過剰な活動《ハイパー・アクティビティ》から転換した過剰な受動性は、自由の代わりに新たな強制を生み出す。人は活動的になればなるほど、それだけいっそう自由であるというのは、ひとつの幻想であろう。

刺激を遮断する習性がないと、行為は、落ち着きなく過剰に活動的な《ハイパー・アクティヴ》反応や発散と変わらなくなってしまう。純粋な活動は、すでに存在しているものを持続させるだけにすぎない。それを他のものへとじっさいに転換させるためには、中断という否定性が必要となる。手を休めるという否定性を媒介《ばいかい》にしてのみ、行為の主体は偶然性の空間の全体を横断することができる。〔否定性を欠いた〕たんなる活動は、偶然性の空間に近づけない。ためらい躊躇《ちゅうちょ》することは、たしかに肯定的《ポジティヴ》な行為ではない。しかし、行為が労働の水準に落ちぶれないためには、必要不可欠なものである。私たちがこんにち生きている世界は、あまりにも中断というものに乏《とぼ》しい世界であり、あいだ〔Zwischen〕や合間の時間〔Zwischen-Zeiten〕の少ない世界である。社会の加速化《スピード》は、合間の時間をますます削っていく。ニーチェは「活動的な人間における主たる欠如」というアフォリズムにおいて、こう記している。「仕事などの活動に忙しい人間には、たいてい高級な活動性が欠けている。（中略）この点からみれば、彼らは怠惰《たいだ》である。（中略）石が転がるように、彼らは〔自分の従事する組織や機械の〕メカニズムの愚鈍《ぐどん》さに従って転がっていく。[25]」つまり、活動にはさまざまな種類が存在する。〔組織や機械の〕メカニズムの愚鈍《ぐどん》さに従う活動には、ほとんど中断がない。機械は手を休めることができないのである。コンピューターには途方もない計算能力があるが、ためらい躊躇《ちゅうちょ》する能力が欠けている点では、コンピューターもなお愚鈍《ぐどん》である。

現代社会に広く見られる加速化《スピード》や過剰な活動《ハイパー・アクティビティ》のなかで、私たちは憤慨《ふんがい》することも忘れてしまっている。憤慨《ふんがい》における特異な時間性は、加速化《スピード》や過剰な活動《ハイパー・アクティビティ》と相容れない。加速化《スピード》や過剰な活動《ハイパー・アクティビティ》は、時間的な幅を許容しない。そのため、未来は延長された現在という意味に切り詰められてしまう。だが、この延長された現在には、他なるものへの眼差《まなざ》しを許容する否定性が欠けている。それに対して、憤慨《ふんがい》は現在をその全体において問う。そのために、現在のなかで中断し手を休める必要がある。この点で、憤慨《ふんがい》は苛立ちと異なる。(25) 憤慨《ふんがい》のエネルギーと強勢が沸《わ》き起こるのを防ぐのは、気晴らしである。気晴らしは、こんにちの社会に広く見られ、この社会の特徴でもある。憤慨《ふんがい》はある状態を中断し、**別の新たな状態を始める**ことのできる能力である。こんにち、憤慨《ふんがい》はますます苛立《いらだ》ちや腹立たしさに取って代わられている。しかし、苛立《いらだ》ちや腹立たしさは、根本的な変化を引き起こすことができない。だから、人はどうにもならないことにも苛立つ。苛立《いらだ》ちと憤慨《ふんがい》との違いは、恐れと不安との違いに似ている。恐れが特定の対象と関係しているのに対して、不安は**存在そのもの**に向けられている。不安は現に存在するものの**全体**を捕らえ、揺さぶる。不安と同じく、憤慨《ふんがい》も個別の事態には関係せず、全体を否定する。この点に、憤慨の否定性というエネルギーの本質がある。憤慨《ふんがい》は例外状態を意味している。しかし、世界を肯定する力が増大するとともに、例外状態は減少していく。アガンベンは、この増大する肯定性を見落としている[26]。彼の時代診断によれば、例外状態は拡大を続け、いまやそれが通常の状態になっているという。だが、彼の診断とは反対に、こんにちの社会に広く見られる肯定の力は、あらゆる例外状態を飲み込んでいる。そして通常の状態が全体主義化している。世界を肯定する力が増大しているからこそ、「この力に飲み込まれ、稀少となった」「例外状態」や「免疫性」という概念が注目されるのである。これらの概念が注目されるのは、これらが現実《アクチュアル》だからではなく、消え去りつつあるからである。

社会に肯定する力が増大することによって、不安や悲しみといった感情も弱まっていく。これらの感情は否定性に基づく感情、つまり否定的感情である。[26] もし**思考**自体が〔他なるもの対する〕「抗体と自然の免疫による防御のネットワーク」[27] であるならば、〔この他なるものの〕否定性が不在となることによって、思考は**計算**へと変質してしまうだろう。コンピューターは人間の脳よりも計算が速く、いかなる反発もなしに非常に多くの情報を処理する。それは、おそらくコンピューターがいかなる**他性**からも自由だからだろう。コンピューターは肯定的な機械である。**特異な才能をもつ知的障がい者〔idiot savant〕**も、計算機械《マシーン》にしか真似できないような能力を発揮する。それは、彼が自閉的な自己関係性のうちにあり、そこには〔他者という〕否定性が欠けているからだろう。(27) 広く見られる世界の肯定化という流れのなかで、人間も社会も、**能力を発揮して成果を生み出し続けるだけの自閉的な機械《マシーン》**へと変貌《へんぼう》していく。まさに成果の最大化を目指す行き過ぎた努力によって、否定性が廃棄される、ともいえるだろう。なぜなら、否定性は加速《スピード》化のプロセスを遅らせるからである。しかし、人間が**否定的存在**であるならば、世界の全面的な肯定化が人間に及ぼす影響は、危険がないものとはいえないだろう。ヘーゲルがいうように、まさに否定性こそが、現に存在《ダーザイン》するものに生気を与えているのだ。

能力としての潜勢力〔Potenz〕[28]には、二つの形態がある。肯定の潜勢力は、何かを為すための潜勢力である。それに対して否定の潜勢力は、為さないための潜勢力、ニーチェのように語るならば、「否《ノー》」というための潜勢力である。しかしこの否定の潜勢力は、たんなる無能〔Impotenz〕、すなわち何かを為すことができないこととは異なる。無能は、肯定の潜勢力の反対にすぎない。無能は、何かと関係しているという意味では、肯定でさえある。つまり、無能は、この何かをできない〔という仕方で、なおこの何かと関係している〕。だが、この何かと結びつけられた肯定性を超えるのが、否定の潜勢力である。それは為さないための潜勢力である。もし私たちが知覚しないための否定の潜勢力をもたず、何かを知覚するための肯定の潜勢力しかもっていないならば、私たちの知覚は押しつけがましく迫ってくる刺激と衝動の一切に何の抵抗もできず、曝《さら》されることになるだろう。そして「精神性」は不可能となる。もし私たちが何かを為すための潜勢力しかもたず、為さないための潜勢力をもっていないならば、私たちは死ぬほど過剰に活動的《ハイパー・アクティヴ》となるだろう。もし私たちが何かを思考するための潜勢力しかもっていないならば、思考は無際限に続く思考対象のなかへと四散してしまうだろう。そして、**後ろを振り返り熟考すること**〔**Nachdenken**〕は不可能となるだろう。なぜなら、肯定の潜勢力、つまり肯定性の過剰は**先へと考え進めること**〔**Fortdenken**〕しか許さないからである。

〔為さないという〕**無為**〔**nicht-zu**〕の否定性は、観想の本質的な特徴でもある。たとえば、禅の瞑想においては、押しつけがましく迫ってくる何かから自分を解放することによって、無為の純粋な否定性、すなわち空へと至ることが試みられる。こうした瞑想はきわめて能動的《アクティヴ》なプロセスであり、受動性とはまったく異なる。それは自分の内面において主権に到達すること、すなわち中心となる訓練である。もし私たちが肯定の潜勢力しかもっていないならば、私たちは〔無為という観想の否定性において、自分自身を振り返り、自分を確固とすることができず、〕ただ受動的に〔活動の〕対象へと委ねられてしまうだろう。逆説的《パラドキシカル》ではあるが、過剰な活動《ハイパー・アクティビティ》とは、もはや自由に行為することを許さない、きわめて受動的な振る舞いなのである。そして、それは肯定の潜勢力を一面的に絶対化することに基づいている。

【訳注】

（21）原文では、たびたびニーチェの『偶像の黄昏』から引用がなされているが、出典が明記されていない。以下では、著者のハンがニーチェの他の著作から引用するさいに参照するニーチェ全集（*Nietzsche Werke. Kritische Gesamtausgabe*）の該当頁と、それに対応する日本語翻訳の頁を示しておく。Friedrich Nietzsche, "Götzen-Dämmerung", in: *Nietzsche Werke. Kritische Gesamtausgabe*, hrsg. von Giorgio Colli und Mazzino Montinari, 6. Abteilung, Bd. 3, Walter de Gruyter & Co: Berlin 1969, S. 102／フリードリッヒ・ニーチェ、原佑訳「偶像の黄昏」、原佑訳『ニーチェ全集14　偶像の黄昏 反キリスト者』、筑摩書房（ちくま学芸文庫）、一九九四年、所収、八四頁。村井則夫訳『偶像の黄昏』、河出書房新社（河出文庫）、二〇一九年、一〇五頁。

（22）Nietzsche, "Götzen-Dämmerung", S. 102／原佑訳「偶像の黄昏」八四頁。村井則夫訳『偶像の黄昏』一〇六頁。

（23）Nietzsche, "Götzen-Dämmerung", S. 102／原佑訳「偶像の黄昏」八四頁。村井則夫訳『偶像の黄昏』一〇六頁。

（24）Nietzsche, "Götzen-Dämmerung", S. 102／原佑訳「偶像の黄昏」八四頁。村井則夫訳『偶像の黄昏』一〇六頁。

（25）Wut を「憤慨」、Ärger および Ärgernis を「苛立ち」と訳す。どちらも「怒り」の一種であるが、ふつう Wut は Ärger よりも強い、激しい怒りを意味する。

（26）アガンベンの例外状態については、本書の終章「燃え尽き症《バーンアウト》社会」および訳注（72）を参照。

（27）idiot savant とは、直訳すれば「賢い馬鹿」という意味であるが、文中に訳したように、特異な才能をもつ知的障がい者（サヴァン症候群）のことを指す。ここでは、おそらく驚異的な記憶力や計算能力をもつ自閉症患者のことが念頭にあるのだろう。しかしながら、著者が自閉症患者を計算機械と類似させてしまうのは、安易であり不適切であると思う。たしかに自閉症患者の自閉的な自己関係性のうちには、他者のような否定性は存在しないのかもしれないが、しかし患者は家族や周囲の人々にとって機械ではなく、他者であることを忘れてはならない。

（28）「潜勢力」と訳した Potenz は、ふつうは「能力」や「力」のことを意味する。次章「バートルビーの場合」の議論も考慮すると、著者のハンはアガンベンの「潜勢力」概念を念頭に置いて、この語を使用していると思われるので、「潜勢力」と訳す。

バートルビーの場合

メルヴィルの短編小説『バートルビー』は、形而上学的・神学的な解釈の対象となってきたが、[28] この小説は病理学的に読むこともできる。この「ウォール・ストリートの物語」は、非人間的な労働世界を描いており、この世界の住人はみな**労働する動物**に成り下がっている。密集したビルに取り囲まれるようにしてある法律事務所の雰囲気は陰鬱《いんうつ》で、健康に良くない状態にあることが詳細に描かれている。窓の外から三メートルもないところには、「高いレンガの壁がそびえているが、それは古くて、いつも日が当たらないために黒ずんでいる。[29]」マンホールのなかにいるような感じのする職場には、一切の「生」が欠けている[30]（「風景画家が言うところの「生気」が欠けている。[30]」）。たびたび語られる憂鬱《メランコリー》が、この小説の根本気分となっている。事務所の弁護士の助手《アシスタント》たちは、みんなノイローゼによる障害に悩まされている。たとえば「ターキー」というあだ名の助手《アシスタント》は、「異様なほど活動的で落ち着かず、凶暴で支離滅裂、そのうえ無鉄砲でさえある。」(31)「ニッパーズ」というあだ名の助手《アシスタント》は極端なほどの名誉欲にとりつかれており、心身症による消化器障害に苦しんでもいる。彼は仕事のさいに歯ぎしりをして、さらに歯の隙間からシューシューと音を立てながら、つねに悪態をついている。助手《アシスタント》たちのノイローゼによる過剰な活動性《アクティビティ》や怒りっぽさの対極にあるのが、バートルビーである。彼は黙り込んで、石のように表情を変えない。そして、徐々に神経衰弱に特徴的な症状を見せるようになる。〔弁護士が何か仕事を頼むと、いつでも彼はそれを丁重に断るために〕「しない方がいいと思います〔I would prefer not to〕」と答える。神経衰弱という点から考えると、このお決まりの言葉が表現しているのは、〔アガンベンが解釈するような〕無為〔nicht-zu〕という否定の潜勢力でも、自重する習性でもない。これらは〔前章で考察したとおり、〕「精神性」にとって本質的な能力や習性であるが、ここでは表現されていない。「しない方がいいと思います」というバートルビーのお決まりの言葉が表現しているのは、むしろ彼には内面的な動機が欠け、関心や感情《アパシー》も欠けているという事態である。それによって、彼は身を滅ぼすことになる。

作者のメルヴィルが描く社会は、依然として規律社会《ディシプリン》である。この小説の全体を貫くのは壁のイメージであるが、それは規律社会《ディシプリン》に特有な建築様式の要素《エレメント》である。「バートルビー」は、まさしく「**ウォール**・ストリートの物語」なのである。壁《ウォール》はこの小説においてもっとも頻繁に使用される言葉のひとつである。しばしば「窓のない壁《デッド・ウォール》」という表現も出てくる。「翌日、〔弁護士である〕私は、バートルビーが何もせず〔自分の席の近くの〕窓辺に立ったまま、ただ〔向かいのビルの〕窓のな《デッド・》い壁《ウォール》に向かって物思いにふけっていたことに気がついた。[32]」〔弁護士の席とバートルビーの席とは簡単な仕切り壁で区切られており、弁護士の側から見ると〕バートルビー自身は仕切り壁の後ろで働いていた。だが、彼は心ここにないような様子で、〔窓の外から見える隣のビルの〕**窓のないレンガの壁**を眺めていた。壁はつねに死を連想させる。[29] とりわけ規律社会《ディシプリン》を象徴するのは、分厚い壁に囲まれた監獄というモチーフであるが、メルヴィルは監獄を墓場《はかば》と呼びながら、このモチーフを繰り返し用いている。そこでは、あらゆる生が消え去る。バートルビーも**墓場**に行き着き、孤立と孤独のなかで死ぬ。それゆえ、バートルビーは、依然として規律《ディシプリン》社会の従順な主体である。後期近代の能力社会の特徴である、うつ病の症状はまだ見られない。能力が足りず、自分には価値がないと感じることや失敗に対する不安は、バートルビーの感情の収支に含まれていない。絶え間ない自己批判と自虐も、彼の知るところではない。つまり、後期近代の能力社会を特徴づける命法、すなわち自分自身にならねばならないという命法に、バートルビーは直面していない。彼は自我《じぶん》になるというプロジェクトに失敗したわけではないのである。法律文書の写し《コピー》を作成するために淡々と書き写すことが、彼の果たすべき唯一の仕事《アクティビティ》である。この仕事《アクティビティ》には、そもそも、みずからの自発性《イニシアチブ》を必要とする、あるいは可能にしてくれるような自由の空間がない。バートルビーが病んでしまうのは、肯定性や可能性が過剰であるからではない。自我《じぶん》**自身**をはじめさせるという後期近代の命法を、彼はそもそも背負い込んでいない。法律文書を書き写す《コピーする》という彼の仕事《アクティビティ》は、あいにく自発性《イニシアチブ》を許容しない仕事《アクティビティ》なのである。バートルビーはなお慣習と制度が物をいう社会に生きているのであって、自我を極度に酷使することを知らないし、それによって**自我が疲労し**、うつ病となることもない。

アガンベンはバートルビーを神学的存在論として解釈するが、この解釈は小説の病理学的な位相《アスペクト》を見落としており、物語において与えられている内容〔を捉え損ねている〕という点で、すでに破綻している。アガンベンの解釈においては、現在の心理的な構造転換も考慮されていない。また、バートルビーを純粋な潜勢力という形而上学的な人物像へと高めてしまう点も問題である。アガンベンによれば、「バートルビーという〔法律文書を書き写す〕筆耕《ひっこう》は、哲学的な状況《コンステレーション》のうちに帰属している。書き写すことを止めた書き写しの専門家としての彼は、極端な無の形象であるが、あらゆる創造はこうした無から生じる。同時に、彼はみずからの純粋かつ絶対的な潜勢力において、この無を容赦なく要求する。この筆耕は白板《ホワイトボード》となってしまったが、そのときから、彼は自分自身の白紙に他ならない。[30]」したがって、バートルビーは「精神」すなわち「純粋な潜勢力という存在」を具現化しているという。まだ何も書かれていない空虚な白板は、私たちの視線をこの「純粋な潜勢力という存在」へと向けるのだという。[31]

しかし〔弁護士が何を尋ねても頼んでも、「しない方がいいと思います」というお決まりの言葉以外にはほとんど何も答えない」バートルビーという人物には、自分自身や他の何かを指示する作用が欠けている。彼は世界をもたず、不在かつ無関心《アパシー》・無感情という仕方で存在している。彼がそもそも「白紙」であるとするならば、それは世界や意味との関係の一切が空疎になった存在だからである。アガンベンは、バートルビーが神のような潜勢力の純性を具現化しているという。だが、すでにバートルビーの疲れた悲しげな目は、彼がその反対の存在であることを物語っている。また、アガンベンの説得力に欠ける主張によれば、バートルビーは書くことを頑《かたく》なに拒絶することによって、書くことが**できる**という潜勢力にとどまり続けているともいう。こうして、書く意欲を極端な仕方で断念することによって、バートルビーの拒絶とは告知であり、**絶対的な力**〔**potentia absoluta**〕を知らせているという。それゆえ、バートルビーの拒絶とは告知であり、**福音の宣教**《ケリュグマ》となる。彼は「一切の述語をもたない純粋な存在」を具現化しているという。このように、アガンベンはバートルビーを天使のような使者、つまり告知の天使と見立てている。しかしながら、その告知は「何について何を述べるでもない〔nichts von nichts behaupten〕」ものである。[32]〔使者ということでいえば、小説のなかで〕バートルビーは使い走りを一切断っているが、この点をアガンベンは見落としている。たとえば、バートルビーは頑《かたく》なに郵便局に使いに行くのも拒否している。「『バートルビー』、『ジンジャーナット〔というあだ名の雑用係が〕外出中なので、ちょっと郵便局まで行ってきてくれないかな。』そう私がいうと、（中略）バートルビーは『そうしない方がいいと思います』と答えた。[33]」よく知られているように、この物語は奇妙な後日談で終わる。それは、彼が一時期、死んだ郵便物、つまり配達不能になった郵便物を処分する部署の職員として働いていたという噂話である。「配達不能郵便物《デッド・レター》、それは死者のような響きではないだろうか。生まれつき、そして不運によって、青ざめた絶望へと傾いていく男を想像してみてほしい。彼はずっと配達不能郵便物《デッド・レター》を仕分けるが、それは燃やして処分するためにそうするのである。彼の絶望を深めるのに、これ以上に適した仕事が他にあるだろうか。[34]」弁護士は、深い懐疑を抱きながら叫ぶ。「〔誰かに何かを伝えるという人々の〕人生の使いでありながら、これらの手紙は死へと急ぐのだ。[35]」バートルビーの現実の存在《ダーザイン》は、死へと向かう否定的存在である。この否定性は、アガンベンの神学的・存在論的な解釈とは相容れないものである。だが、アガンベンは、バートルビーを「脱創造〔Ent-Schöpfung〕」を知らせる使者へと仕立ててしまう。そして、この「脱創造」としての第二の創造に

よって、生起し存在するものとそうでないものとの境界、つまり存在と無との境界がふたたび解消されるという。(36)

小説において、たしかにメルヴィルは**墓場**と呼ばれる監獄の中庭に、わずかばかりの生命の種を発芽させている。しかし深い絶望に直面して、つまり死が重く現前することによって、この中庭のほんのわずかな芝生〔に象徴される生命〕からは、まさに死の国の否定性が生じてくる。浮浪者として投獄されたバートルビーに面会にきた弁護士は、彼に慰めの言葉をかけるが、それは何の助けにもならない。「ここにいるからといって、君は非難されるようなことは何もしていない。それにここは人が思うほど寂しいところでもない。見てごらん。空も見えるし、ここには芝生もある。(37)」それに対して、バートルビーは無感動に答える。「私は自分がどこにいるのか分かっています。(38)」アガンベンは、この空と芝生を救済の徴表《メシア的しるし》として解釈する。たしかに、死の国の真ん中にある小さな芝生は、唯一の生の徴表《しるし》ではある。しかしアガンベンの解釈とは反対に、それは絶望的な空虚を強めるだけである。「人生の使いでありながら、これらの手紙は死へと急ぐのだ。(39)」おそらくこの言葉が、この小説の中心的なメッセージであろう。生のためのあらゆる努力は、死という結果に終わるのである。

メルヴィルの『バートルビー』と比べると、カフカの『断食芸人』はそれほど幻想的ではない。〔年をとって落ち目の〕断食芸人は〔人々から忘れられて、サーカスの見世物の檻《おり》のなかで〕誰にも気がつかれずに死んでしまう。だが、それによって関係者全員に大きな娯楽がもたらされる。それは「どんなに鈍感な人間でも感じることのできる気晴らし」[40]である。断食芸人の死によって空いた檻《おり》には、若いヒョウが入れられる。このヒョウは、何かを待ち焦がれることなく生きる喜びを体現している。「このヒョウがうまいと思う食べ物を、番人たちはたいして考えもせずに運び入れた。檻《おり》のなかにいるこのヒョウは、自由がなくて困っているようにはまったく見えなかった。あらゆる必要なものを溢《あふ》れんばかりに身につけたこの高貴な身体《からだ》は、自由さえも身につけて檻《おり》のなかを歩き回っているように見えた。自由が歯のあいだにでも隠れているように思えたのだ。そして生きる喜びが、ヒョウの喉《のど》もとから強烈な灼熱《しゃくねつ》をもって吐き出されるので、見物人たちがそれに耐えるのは容易でなかった。しかし見物人たちはそれを抑えて、〔サーカス小屋の前の〕檻《おり》の周りに群がり、まったくその先に進もうとしなかった。[41]」それに対して、断食芸人は〔食べることも、檻の外から出ることも〕拒否する否定性によってのみ、自由を感じることができた。もちろんこの自由の感情は、ヒョウが歯のあいだに隠している自由と同様に、「そう思える」という仮象である。〔監獄に投獄された〕バートルビーの場合にも、〔彼を不憫に思う弁護士に頼まれて、食事を提供する食い物屋の〕「カツレツさん」が近づいてくる。彼は〔カツレツという名のとおり〕一片の肉のように見える。彼は監獄という場所の居心地の良さを誇張気味に褒《ほ》めて、バートルビーを食事に誘おうとする。「ここが気に入っていただけると良いのですが。――広々とした場所ですし――部屋も涼しそうですし――しばらくのあいだご一緒させていただきたいものです――快適にお過ごしください。私たち夫婦と夕食なんかどうでしょうか。それも妻の部屋で。[42]」〔けっきょく食事を取らずに〕バートルビーが死んだあと、驚く「カツレツさん」に対して、弁護士は皮肉《アイロニー》とも聞こえる言葉を返している。「『ええっ、この人寝ているのですよね。』とカツレツさんが尋ねると、『そう王や参議とともにね。』と私はつぶやいた。[43]」この小説は救済の希望《メシア的な》に開かれていない。バートルビーの死によって、「崩れゆく寺院の石柱の最後の一本」がまさに崩れたのだ。彼は「大西洋のまっただ中を漂流する難破船」として沈んでいく。バートルビーの「しない方がいいと思います」という言い回しは、キリスト論的・救済《メシア》論的な解釈を一切受けつけない。この「ウォール・ストリート」の物語は、〔アガンベンのいう第二の創造としての〕「脱―創造〔Ent-Schöpfung〕」の物語ではなく、**創造の終結としての疲弊**〔Er-Schöpfung〕[44]の物語なのである。嘆《なげ》き〔Klage〕と告発〔Anklage〕は同時に叫びとなり、この叫びとともに小説は終わる。「ああバートルビーよ！　ああ人間よ！[45]」

【訳注】

(29) 原文では、たびたびメルヴィルの『バートルビー』から英文で引用がなされているが、出典が明記されていない。著者のハンが参照した版が分からないため、英語のメルヴィル著作集 *The Writings of Herman Melville* の該当頁と、それに対応する日本語翻訳の頁を示しておく。Herman Melville, "Bartleby the Scrivener: A Story of Wall-Street", in: id., *The Writings of Herman Melville*, Harrison Hayford et al. ed., vol. 9, Northwestern University Press and The Newberry Library: Chicago 1987, p.14／ハーマン・メルヴィル、牧野有通訳「書記バートルビー」、牧野有通訳『書記バートルビー／漂流船』、光文社（光文社古典新訳文庫）、二〇一五年、所収、一三頁。高桑和巳訳「バートルビー」、ジョルジョ・アガンベン、高桑和巳訳『バートルビー偶然性について』、月曜社、二〇〇五年、所収、九六頁。

（30）Melville, "Bartleby the Scrivener", p. 14／牧野有通訳「書記バートルビー」一三頁。高桑和巳訳「バートルビー」九五―九六頁。

（31）この箇所は独文で引用されている。Melville, "Bartleby the Scrivener", p. 15／牧野有通訳「書記バートルビー」一五頁。高桑和巳訳「バートルビー」九七頁。

（32）Melville, "Bartleby the Scrivener", p. 31／牧野有通訳「書記バートルビー」六二―六三頁。高桑和巳訳「バートルビー」一三〇頁。

（33）Melville, "Bartleby the Scrivener", p. 25／牧野有通訳「書記バートルビー」四三―四四頁。高桑和巳訳「バートルビー」一一六頁。

（34）Melville, "Bartleby the Scrivener", p. 45／牧野有通訳「書記バートルビー」一〇〇―一〇一頁。高桑和巳訳「バートルビー」一五九頁。

（35）Melville, "Bartleby the Scrivener", p. 45／牧野有通訳「書記バートルビー」一〇一頁。高桑和巳訳「バートルビー」一五九頁。

（36）「脱創造」とはアガンベンによる造語。アガンベンによれば、バートルビーが「書くことを中断してしまうことは、第二の創造への移行をしるしづける。」「そこで遂行される創造は、再創造でも永遠の反復でもない。むしろそれは一つの脱創造であり、そこでは、起こったこと起こらなかったことが、神の精神のうちで、もともとの単一性へと回復され、また、存在しないこともできたが存在したものは、存在することもできたが存在しなかったものと見分けがつかなくなる。」つまり、絶対的な偶然性の空間が開かれる。「脱創造の教えとなる言葉は〈裁き〉ではない。〈裁き〉は、かつて存在したものを補償へ、あるいは永遠の罰へと割り当てる。脱創造の教えとなる言葉は〈輪廻的再生《パリンゲネシス》〉、全的な回復《アポカタスタシス》〔apokatastasis panton〕である。新たな被造物はそこで、『真となる、さもなければ真とならない』という、真偽を問うことの不可能な中心に到達する。」（アガンベン、高桑和巳訳『バートルビー 偶然性について』八四―八六頁。）

（37）Melville, “Bartleby the Scrivener”, p. 43／牧野有通訳「書記バートルビー」九四頁。高桑和巳訳「バートルビー」一五四頁。

（38）Melville, “Bartleby the Scrivener”, p. 43／牧野有通訳「書記バートルビー」九四頁。高桑和巳訳「バートルビー」一五四頁。

（39）Melville, “Bartleby the Scrivener”, p. 45／牧野有通訳「書記バートルビー」一〇一頁。高桑和巳訳「バートルビー」一五九頁。

（40）原文ではカフカの「断食芸人」からも引用がなされているが、やはり出典が明記されていない。著者のハンが参照した版が分からないため、以下ではドイツ語のカフカ全集の新版 *Schriften – Tagebücher – Briefen. Kritische Ausgabe* の該当頁と、それに対応する日本語翻訳の頁を示しておく。Franz Kafka, “Ein Hungerkünstler”, in: ders., *Drucke zu Lebezeiten*, hrsg. von Wolf Kittler et al., (*Schriften – Tagebücher – Briefen. Kritische Ausgabe*, Bd. 6-1),Fischer: Frankfurt a. M. 1994, S. 349／フランツ・カフカ、円子修平訳「断食芸人」、川村二郎・円子修平訳『決定版カフカ全集1 変身、流刑地にて』、新潮社、一九八〇年、所収、一七六頁。池内紀訳「断食芸人」、池内紀訳『カフカ寓話集』、岩波書店（岩波文庫）、一九九八年、所収、一九五頁。

（41）Kafka, “Ein Hungerkünstler”, S. 349／円子修平訳「断食芸人」一七六頁。池内紀「断食芸人」一九四―一九五頁。

（42）Melville, “Bartleby the Scrivener”, p. 44／牧野有通訳「書記バートルビー」九五―九六頁。高桑和巳訳「バートルビー」一五五頁。

（43）Melville, “Bartleby the Scrivener”, p. 45／牧野有通訳「書記バートルビー」九九頁。高桑和巳訳「バートルビー」一五八頁。なお死んでしまったバートルビーのことを「この人寝ているのですよね」と尋ねるカツレツに対して、「そう王や参議とともにね」と答える弁護士の言葉は、旧約聖書「ヨブ記」三章一四節の句に基づいている。「ヨブ記」は、罪のない自分になぜつらい災《わざわ》いや不幸がふりかかるのか、なぜ神はそれに黙っているのかと問うヨブの物語である。三章一四節において、ヨブはなぜ自分が生まれてきてしまったのかと嘆《なげ》いている。「なぜ、私は胎《たい》〔＝母の子宮〕の中で死ななかったのか。腹《はら》から出て、息絶えなかったのか。どうして、両膝《ひざ》が私を受けとめたのか。なぜ、私に吸わせる乳房があったのか。それさえなければ、今頃、私は横たわって憩《いこ》い眠って休息を得ていたであろうに。自分たちのために廃墟を築き直した地の王や参議と共に」（『聖書 聖書協会共同訳』日本聖書協会、二〇一九年、ヨブ記三・一一—三・一四）。さらに、バートルビーが投獄された「墓場」と呼ばれる監獄は、実在したニューヨーク市の刑務所をモチーフとしている。この刑務所は当時流行したエジプト様式を採用し、古代エジプトの霊廟を連想させる建物であった。「〔地の〕王や参議とともに」という句については、この点も注意したい。

（44）Erschöpfung はふつうドイツ語で「疲弊」を意味するが、この語は「創造」や「作り出すこと」を意味する Schöpfung と、完了や終結の意味の接頭語 er から成る。ここではアガンベンの造語 Ent-Schöpfung「脱創造」と対比されて用いられているので、「創造の終結としての疲弊」と訳す。著者のハンはしばしば Erschöpfung「疲弊」を消極的な意味で、Müdigkeit「疲労」を積極的な意味で用いている。とくに次章「疲労社会」では両者の区別に基づいて、積極的な「疲労」のかたちを示そうとしている。

（45）Melville, "Bartleby the Scrivener", p. 45／牧野有通訳「書記バートルビー」一〇一頁。高桑和巳訳「バートルビー」一五九頁。

疲労社会

疲労は寛容な心をもっている。

モーリス・ブランショ

活動社会としての能力社会は徐々にドーピング社会へと発展し、最近では「脳ドーピング」という否定的な表現に代わって「脳エンハンスメント」という表現さえ使われている。ドーピングとは、いわば能力なしに能力を可能とするものである。最近では、ドーピング剤のような物質を使用しない方が無責任だと、科学者たちは真剣に議論している。たとえば脳の活動を増強《エンハンスメント》する薬を使用することで、医師たちは集中して外科手術を行うことができ、それによって手術ミスは減少し、より多くの命を救うことができるという。さらにこうした増強剤《エンハンスメント》の一般的な使用も、何の問題もないという。必要なのは公平さ《フェアネス》だけであって、それは増強剤《エンハンスメント》が誰にでも使用できるようになれば確保されるという。とはいえ、もしドーピングがスポーツにおいても許されるならば、スポーツはドーピング剤の製薬競争に成り下がってしまうだろう。しかしドーピングを禁止するだけでは、身体のみならず人間自体が**能力を発揮して成果を生み出し続けるだけの機械《マシーン》**へと変化していくのを防ぐことはできない。能力機械《マシーン》としての人間は滞《とどこお》りなく機能し、みずからの成果の最大化を目指す。ドーピングとは、人間の能力機械《マシーン》への変化の**帰結**にすぎない。この変化の過程で、人間の**生き生きとした生**という非常に複雑な現象は、たんなる生命の機能や能力へと切り詰められていく。そして、この変化の裏では、活動社会としての能力社会が、過剰な疲労と疲弊を生み出している。疲労と疲弊という心的状態は、まさに否定性に乏《とぼ》しく肯定性が過剰な世界の特徴である。疲労と疲弊は、免疫学的な反応ではない。免疫学的な反応は、免疫学的に他なるものの否定性を前提としている。疲労と疲弊は、むしろ肯定性が**あまりにも多いこと**によって引き起こされる。過剰な能力の向上は、結果として心の梗塞《こうそく》を引き起こす。

能力社会における疲労とは孤独な疲労であり、それは人々を離ればなれにし、孤立させる。それは、ハントケが『疲労をめぐる試論』[33]において、「人々を仲違《なかたが》いさせる疲労」と呼んだものである。「人々はすでにとどまることができず、互いに離れて、それぞれが自分自身の疲労へと落ち込んでいる。それは私たちの疲労ではなく、こちらでは私の疲労であり、あちらではきみの疲労である。」[46] このように人々を仲違《なかたが》いさせる疲労によって、人々は「見ることも話すこともできなくなる。」[47] いまや視界のなかには、私という自我しかいない。「私は彼女に『きみには疲れてうんざりだ』といえなかった。それどころか、たんに『疲れた！』とさえいえなかった（もしそうした言葉を口にすることができたならば、それは私と彼女の共通の叫びとして、おそらく私たちを個々の地獄から解放してくれただろうが）。疲労によって、私たちの話す能力、すなわち私たちの心は、焼き尽くされてしまった。」[48] 疲労とは暴力である。なぜなら、それは私たちの社会や連帯や親密さのすべてを破壊し、それどころか言語すらも破壊するからである。「この種の疲労は無口であり、無口であることを避けられないが、それゆえに暴力を強いる。おそらくこの暴力が露《あら》わとなるのは、他者を歪めてしまう視線のなかだけであろう。(49)」

他者と話すこともできず、他者を眼差《まなざ》すこともできず、人々を仲違《なかたが》いさせてしまう疲労に対して、ハントケは他者と語り合い、眼差《まなざ》し合うことができ、人々を和解させるような疲労を対置する。それは「自我がどんどんと減退していくこと(50)」としての疲労である。この疲労は自我という締め金を緩《ゆる》め、**あいだ**を開く。私という自我は他者を眼差《まなざ》すだけではなく、私が他者でもあり、「同時に、この他者が私となる。(51)」あいだとは、差異のうちで差異がないこと〔In-Differenz〕としての友情の空間であり、そこでは「何ものも『支配』せず、『優位』でさえない。(52)」自我が減退していくことで、存在の重力は自我から世界へと移行する。人々を和解させる疲労は、「世界を信頼する疲労(53)」である。それに対して、〔人々を仲違《なかたが》いさせる〕孤独な疲労としての自我の疲労は、世界を滅ぼし失ってしまう疲労である。しかし人々を和解させる疲労は、この自我を「開いて」、世界へと「透過」させる。(54)この疲労は、孤独な疲労によって完全に破壊された「二重性」をふたたび作り上げる。人は眼差《まなざ》すだけでなく、眼差《まなざ》される。触れるだけでなく、触れられる。「疲労とは〔他者へと〕近づくことができることであり、いやそれどころか、じっさいに〔他者によって〕触れられ、自分も〔他者に〕触れることができる、というものである。[55]」こうした疲労によって、はじめて動かずにとどまることが可能となる。自我の減退は、世界の増大として露《あら》わになる。「疲労とは私の友人であった。私はふたたび現に存在《ダーザイン》するように、つまり世界のうちに存在した。[56]」

ハントケはこうした疲労を土台として、私たちが現に存在《ダーザイン》し共に存在《ミットザイン》するさまざまな形態を、この土台の上に集める。これらの形態はすべて、活動的であることを絶対化する〔社会の〕趨勢《すうせい》のなかでは、完全に消え去ってしまうものである。これらの形態が拠《よ》って立つ「土台としての根本的な疲労〔fundamentale Müdigkeit〕[57]」は、疲弊した状態とはまったく異なる。疲弊した状態で、人は何かを為すことができない。それに対して、疲労は特別な能力を意味する。疲労は**創造的な刺激**《インスピレーション》を与えてくれる。疲労は**精神**《ガイスト》を生み出す。そのさい「疲労による創造的な刺激《インスピレーション》」が向けられるのは、何もしないという**無為**である。「ピンダロスの祝勝歌は、勝者ではなく疲れた者に向けられている！　聖霊《ガイスト》を感じる聖霊降臨祭の集まりを思い浮かべるとき、私はいつも飽き飽きして疲れてしまう。疲労による創造的刺激《インスピレーション》が語りかけるのは、何を為すべきかではなく、何をそのままにさせておくことができるか、である。[58]」疲労によって私たちに可能となるのは、物事をそのままにさせておく特別な平静《ゲラッセンハイト》であり、そのままにさせておく無為である。こうした疲労は、あらゆる感覚が衰弱していく状態ではない。むしろ疲労のうちで、特別な視界が開けてくる。だからハントケは、「目が明晰になるような疲労[59]」について語っている。疲労によって、私たちはまったく違った仕方で注意できるようになる。つまり、短時間で素早く〔対象を〕切り替えていく過剰な注意《ハイパー・アテンション》によっては捉えられない、長くゆっくりとしたかたちへと近づくことができるようになる。「疲労は無秩序な喧噪《けんそう》や雑踏《ざっとう》を分節化する（中略）――いつもの喧噪《けんそう》や雑踏《ざっとう》が、疲労によってリズムを与えられ、かたちという慰めを得る――それは目に見えるかぎりでの、かたちである。[60]」あらゆる**かたち**はゆっくりとしたものである。あらゆる**かたち**はひとつの回り道である。効率とスピードを重視する経済は、こうしたかたちを消し去ってしまう。ハントケはこの深い疲労をさらに回復のかたちへと、それどころか若返りのかたちへと高める。疲労は世界にふたたび驚きをもたらす。「疲れたオデッセイアはナウシカの愛を得た。疲労はきみを若返らせる。いまだかつて、きみがこれほど若かったことはないほどに若返らせる。（中略）疲労の安らぎのもとでは、すべてが驚くべきこととなる。[61]」

労働し、何かをつかみ取る手に対して、ハントケは遊んでいる手を対置する。遊んでいる手は、もはや固く決意して何かをつかみ取ろうとしない。「毎晩ここ〔スペインの〕リナレスで、私はたくさんの小さな子どもたちが疲れる様子を傍《かたわ》らから（中略）眺めていた。子どもたちは、もはや何の欲求もなく、何も手につかみ取ろうとせず、なおも遊ぶだけであった。[62]」深い疲労は、同一性《アイデンティティ》の締め金を緩《ゆる》める。もの〔Ding〕はその縁《ふち》がほのかに、きらきらと輝き震える。そして、以前よりもぼんやりとして透き通るようになり、その決意したような確固さをいくらか失っている。この特異な、差異のうちで差異がない状態〔In-Differenz〕において、ものには**友情というオーラ**が具《そな》わる。他のものとの確固とした境界は廃棄《アウフヘーベン》される。「こうした根本的な疲労において、ものは決してそれだけで現れるのでなく、つねに他のものと一緒に現われている。たとえわずかなものしか存在しないとしても、それらすべてはひとつに集まって存在する。[63]」疲労によって深い友情がもたらされ、私たちは帰属も血縁も必要ない共同体《コミュニティ》について考えられるようになる。人間とものが、友情の「**と**」によって結びついて見えるのだ。ハントケは、こうした特異な共同体《コミュニティ》がオランダの静物画のなかに描かれているのを見て取る。「『すべてがひとつのうちにある』ということで私がイメージするのは、決まって十七世紀のオランダの花の静物画である。花々には、ほんとうに生きているかのように、こちらにはテントウムシやカタツムリが、あちらにはハチやチョウがとまっている。おそらく、どの虫も他の虫の存在に気づいてはいないだろうが、この瞬間、私にとってのこの瞬間に、それらすべてはひとつに集まっている。[64]」ハントケの疲労は、私という自我の疲労、つまり疲弊した自我の疲労ではない。ハントケの疲労は、むしろ「私たちの疲労」と呼ばれる。それは私がきみに疲れてうんざりしているのではなくて、ハントケがいうように、私が「きみのために疲れている」というものである。「――私の記憶では、いつも午後になると外の日差しのなかで――私たちは座って、お互いに話したり、あるいは黙ったりしながら、共通の疲労を楽しんでいた(中略)。そのとき、疲労の雲、エーテルのような疲労によって、私たちは一体となっていた。[65]」

疲弊としての疲労は、肯定の潜勢力の疲労である。それによって私たちは**何かを**為すことができなくなる。それに対して、私たちに創造的な刺激《インスピレーション》を与えてくれる疲労は、**否定の潜勢力の疲労**であり、つまりは**無為**〔**nicht-zu**〕の疲労である。(66) 本来、**止めること**を意味する安息日は、**無為**の日である。それは、何かを**為すためという目的**〔**um-zu**〕から解放される日であり、ハイデガーのように語るならば、みずからの気遣い《ゾルゲ》から解放される日である。重要なのは、**合間の時間**〔**Zwischenzeit**〕である。神は創造のあとの七日目を神聖なものとした。つまり神聖なのは、何かを**為すための**日ではなく、**為さない**日であり、**使えないものが使える**ようになる日である。それは疲労の日である。**合間の時間**とは、労働のない時間であり、**遊びの時間**である。それはハイデガーの考える時間概念とも異なる。ハイデガーにとって時間とは、本質的に気遣い《ゾルゲ》と労働の時間である。それに対して、ハントケは合間の時間を平穏《平和な》の時間として描いてみせる。疲労によって〔人々は自我という〕鎧《よろい》を脱ぎ捨てる。(67) 疲れた者の長くゆっくりとした眼差し《まなざし》のなかで、決意し確固とした態度は平静さ《ゲラッセンハイト》に場所を譲《ゆず》る。合間の時間とは、差異のうちで差異がないこと〔In-Differenz〕としての友情の時間である。「ここで私が語っているのは、平穏における疲労であり、合間の時間における疲労である。平穏はこうした時間のなかにあった（中略）。そして驚くべきことに、そのとき、私の疲労もしばらくの平穏に寄与しているようであった。というのも、疲労の眼差《まなざ》しは、暴力や争いの身振りへの兆《きざ》しをそのつど宥《なだ》め和《やわ》らげるからであり、それどころか、たんに友好的でない振る舞いへの兆《きざ》しさえも宥《なだ》め和《やわ》らげるからである。(68)」

ハントケは**疲労の内在的宗教**を構想する。「根本的な疲労」は、自我中心的《エゴロジカル》な孤立を廃棄《アウフヘーベン》し、共同体《コミュニティ》を打ち立てる。この共同体《コミュニティ》は血縁を必要としない。この共同体《コミュニティ》のなかで起こる特異な**リズム**は**共に響き合う調和**〔**Zusammenstimmung**〕へと発展する。それは家族的な紐帯《ちゅうたい》も機能的な結合も一切ない親密性や隣人性である。「疲れた人は新たなオルフェウスである。彼の周りには動物たちが集まり、おしまいには一緒に疲れてしまうかもしれない。疲労は、ばらばらになった個々人にリズムを与えてくれる。[34](69)」先述の「聖霊降臨祭の集まり《ゲゼルシャフト》」は、私たちに**無為**への創造的な刺激《インスピレーション》を与えてくれるものであったが、それは活動社会の対極である。ハントケはこの「聖霊降臨祭の集まり《ゲゼルシャフト》」を思い浮かべるとき、「いつも飽き飽きして疲れてしまう(70)」という。この集まり《ゲゼルシャフト》は、特異な意味における、疲れた人々の社会《ゲゼルシャフト》である。もし「聖霊降臨祭の集まり《ゲゼルシャフト》」が、人々が集《つど》い合う未来の社会《ゲゼルシャフト》と同義であるならば、この来《きた》るべき社会《ゲゼルシャフト》は疲労社会《ゲゼルシャフト》とも呼べるだろう。

【訳注】

（46）ペーター・ハントケは、オーストリア出身の小説家。代表作は『不安、ペナルティキックを受けるゴールキーパーの……』、『幸せではないが、もういい』、『反復』など。映画監督のヴィム・ヴェンダースと共作で、映画「ベルリン・天使の詩」の脚本も書いている（ヴェンダースはハントケの『不安』も、「ゴールキーパーの不安」というタイトルで映画化している）。二〇一九年にノーベル文学賞を受賞する。

原文では、たびたびハントケの『疲労をめぐる試論』から引用がなされているが、該当頁が明記されていない。以下では、Peter Handke, *Versuch über die Müdigkeit*, Suhrkamp: Frankfurt a. M. 1989 の該当頁を示しておく。参考までに、ハントケの『試論』作品をまとめた合本版の該当頁も併記する（Peter Handke, *Die drei Versuche*, Suhrkamp: Frankfurt a. M. 2001）。Handke, *Versuch über die Müdigkeit*, S. 15; *Die drei Versuche*, S. 14.

（47）Handke, *Versuch über die Müdigkeit*, S. 16; *Die drei Versuche*, S. 15.

（48）Handke, *Versuch über die Müdigkeit*, S. 16; *Die drei Versuche*, S. 15.

（49）Handke, *Versuch über die Müdigkeit*, S. 17; *Die drei Versuche*, S. 16.

(50) Handke, *Versuch über die Müdigkeit*, S. 75; *Die drei Versuche*, S. 54.

(51) Handke, *Versuch über die Müdigkeit*, S. 68; *Die drei Versuche*, S. 49.

(52) Handke, *Versuch über die Müdigkeit*, S. 35; *Die drei Versuche*, S. 27.

(53) Handke, *Versuch über die Müdigkeit*, S. 59; *Die drei Versuche*, S. 43.

(54) Handke, *Versuch über die Müdigkeit*, S. 62; *Die drei Versuche*, S. 45.

(55) Handke, *Versuch über die Müdigkeit*, S. 46; *Die drei Versuche*, S. 34.

(56) Handke, *Versuch über die Müdigkeit*, S. 51; *Die drei Versuche*, S. 38.

(57) Handke, *Versuch über die Müdigkeit*, S. 68; *Die drei Versuche*, S. 49.

(58) Handke, *Versuch über die Müdigkeit*, S. 74; *Die drei Versuche*, S. 53.

(59) Handke, *Versuch über die Müdigkeit*, S. 56; *Die drei Versuche*, S. 41.

(60) Handke, *Versuch über die Müdigkeit*, S. 53; *Die drei Versuche*, S. 39-40.

(61) Handke, *Versuch über die Müdigkeit*, S. 75; *Die drei Versuche*, S. 54.

(62) Handke, *Versuch über die Müdigkeit*, S. 75-76; *Die drei Versuche*, S. 54.

(63) Handke, *Versuch über die Müdigkeit*, S. 68; *Die drei Versuche*, S. 49.

(64) Handke, *Versuch über die Müdigkeit*, S. 69; *Die drei Versuche*, S. 50.

(65) Handke, *Versuch über die Müdigkeit*, S. 27-28; *Die drei Versuche*, S. 22-23.

(66)「肯定の潜勢力」「否定の潜勢力」については、本書の「見ることの教育学」の章の最後の二段落を参照。

（67）本書の序「疲れたプロメテウス」の最終段落を参照。

（68）Handke, *Versuch über die Müdigkeit*, S. 54; *Die drei Versuche*, S. 40.

（69）Handke, *Versuch über die Müdigkeit*, S. 74; *Die drei Versuche*, S. 53-54.

（70）Handke, *Versuch über die Müdigkeit*, S. 74; *Die drei Versuche*, S. 53.

燃え尽き症社会《バーンアウト》

フロイトの考える心の装置とは、命令と禁止の混ざった抑圧的な装置である。病院、精神病院、監獄、兵舎、工場に支えられた規律《ディシプリン》社会のように、心の装置は構造化されている。したがって、フロイトの精神分析は、禁止の否定性に基づいて編成された、抑圧的な規律《ディシプリン》社会においてのみ有効である。しかし、こんにちの社会は、第一義的には規律《ディシプリン》社会ではなく能力社会である。能力社会は禁止と命令の否定性からますます解放されて、自由な社会を標榜《ひょうぼう》している。

この能力社会を規定する助動詞は、フロイト的な当為の「すべき」ではなく、能為の「**できる**」である。規律《ディシプリン》社会から能力社会への変化には、人間の内面の心の構制の変化が伴われている。後期近代の〔能力社会に生きる人間は〕能力の主体であって、それは〔規律社会《ディシプリン》に生きる〕従順な主体とはまったく異なった心をもつ。だが、フロイトの精神分析が目を向けるのは能力の主体ではなく、従順な主体である。彼が考える心の装置を支配するのは否定と抑圧であり、違反への不安である。したがって、自我は「不安の場」[35]となる。しかしこうしたことは、後期近代の能力の主体には、もはや当てはまらない。能力の主体は肯定の主体である。フロイトのいう無意識が否定と抑圧の否定性と必然的に結びついたものであるならば、新自由主義《ネオ・リベラリズム》的な能力の主体には、もはや無意識など存在しないだろう。能力の主体は、ポスト・フロイト的な自我なのである。フロイトのいう無意識は、時代を超えて成り立つ形象ではない。それは抑圧的な規律社会《ディシプリン》の作り出した産物である。だが、いまや私たちはそうした社会からますます遠ざかっている。

フロイト的な自我による労働の本質は、とりわけ義務の遂行という点にある。それはカント的な従順な主体とも似ている。フロイトのいう超自我の役割は、カントの場合、良心が担っている。カントの考える道徳的主体は、〔良心という〕「暴力」に従っている。「人間は誰でも良心をもち、自分の内面の裁判官によって自分が監視され、威嚇され、また一般に畏敬（恐怖と結びついた尊敬）の念をもたされていることを知っている。人間の内面で〔道徳〕法則を監視するこの暴力〔Gewalt〕は、人間が自分自身で（恣意的に）作り出すようなものではなく、人間の本質と一体となったものである。[36]」カント的な主体も、フロイト的な自我と同じように、自己の内面において分裂している。ここで問題となるのは、〔良心の声のように〕自分自身の一部でもあるような**他者**による命令である。「この根源的かつ知性的な（そしてそれが義務の表象であるという意味で）道徳的な素質は、**良心**と呼ばれる。この良心の仕事は、人間が自分自身と関わる仕事である。しかし、この人間は〔あたかも〕**他の人格の**命令に応えるためにこの仕事を為すよう、みずからの理性によって強いられているかのように感じる。この点に、良心の特異性がある。[37]」人格のこうした分裂に基づいて、カントは「二重の自己」あるいは「二重の人格性[38]」について論じている。道徳的主体は被告であると同時に、裁判官でもあるのだ。

道徳的主体としての従順な主体は、快楽の主体ではなく義務の主体である。カント的な主体は義務に従った労働を追求し、〔快楽を求める心の〕「傾向性」を抑圧する。そのさい、カントが「全能の道徳的存在」として持ち出す神は、処罰の審級であるだけでなく、**報償**の審級でもある（この点は非常に重要であるにもかかわらず、考慮されることが少ない）。もちろん、義務の主体としての道徳的主体は、快楽をもたらす傾向性の一切を、徳のために抑圧する。しかし道徳的な神は、苦しみに耐えて為された労働を浄福によって褒《ほ》め称える。「道徳性にちょうど比例して、浄福は分け与えられる。[39]」道徳的な能力による成果は報われるのである。道徳性のために苦しみを引き受ける道徳的主体は、その報償を確信している。道徳的主体は、報償の審級としての〔神という〕他者と密接に関わっている。もちろん、そのさい、報償の危機という恐れは存在しない。なぜなら、神は嘘をつかず、信頼の置ける存在だからである。

しかし、後期近代における能力の主体は、義務に従った労働を追求しない。この主体の行動原理である格率となるのは、従順や〔道徳〕法則や義務ではなく、自由と自発性である。この主体が労働にとりわけ期待するのは、快楽を得ることである。他者の命令に応えるために行為することもない。この主体がとりわけ耳を傾けるのは、むしろ自分自身である。それどころか、この主体は自分自身の経営者でなければならない。能力の主体は、命令する他者という否定性から解放される。しかし他者からの自由は、主体を解放し自由にするだけで終わらない。不幸をまねく自由の弁証法は、この自由を新たな強制へと転換してしまう。

他者との関係の欠如は、報償の危機をまねく。報償とは承認であり、それは他者あるいは第三者という審級を必要とする。リチャード・セネットも、報償の危機をナルシシズム的障害と他者関係の欠如とに起因するものとして説明している。「性格障害〔＝パーソナリティ障害〕としてのナルシシズムは、健全な自己愛とはまさに正反対のものである。自己のうちに沈み込んでしまうことは何の報償ももたらさず、苦しみを増やすだけである。〔すべてが自己に吸収され〕自己と他者との境界線が消えてしまうことは、この自己が「新しいもの」や「他のもの」に出合えないことを意味する。「新しいもの」や「他のもの」は、そこに自己が再認できるまでに食い尽くされ、変形される――だが、それによって、他のものや他者は〔もはや他ではなく自己の一部であるから〕その意味を失ってしまう。（中略）ナルシシストはさまざまな経験ではなく、体験を欲している——自分が出合うものすべてのうちで、〔そこに投影される〕自分自身を体験したいのである。（中略）人は自己のうちに溺れ死ぬ（中略）。[40]」経験においてこそ、人は**他者**に出会う。経験は変化し〔verändernd〕、いやそれどころか、**他のもの**となる〔ver-*andernd*〕。それに対して、体験は自我を他者のうちへと、世界のうちへと拡張していく。だから体験は、**同じもの**となる〔ver-*gleichend*〕。自己愛においては、自己と他者とのあいだに、はっきりとした境界線が引かれている。しかしナルシシズムとなると、この境界線は消えてしまう。自己は拡散し、漠然としたものとなる。

このように、セネットは現代の個人が抱える心の障害をナルシシズムと関連させる。それは、もちろん正しい。しかし、彼はそこから誤った結論を導き出している。「期待がたえず引き上げられていくことで、そのつどの振る舞いは、もはや期待を満たすものとして体験されなくなる。これは、何かを終わりにすることができないという無能〔Unfähigkeit〕である。目標《ゴール》に到達したという達成感は回避される。なぜなら、それによってみずからの体験は客観化され、かたちをもち、自己から独立して存立するようになってしまうからである。」[41] こうした説明は、事実とまったく異なる。じっさいには、目標《ゴール》に到達したという達成感が**意図的に**「回避」されることはない。最終目標《ゴール》に到達したという達成感は、そもそも一度も生じない。ナルシシズムの主体は何かを終わりにしたくない、というわけではなく、むしろこの主体は何かを終わりにすることができないのである。能力を発揮し成果を生み出すことへの脅迫観念によって、この主体はいつも、さらに成果を生み出すよう強いられている。だから、この主体は決して報償という休息地点にたどりつけない。この主体は延々と、欠乏と負い目の感情のなかを生き続ける。けっきょくのところ、ナルシシズムの主体は自分が倒れるまで自分自身と競い合い、自分自身を追い越そうとする。そして虚脱感に苛《さいな》まれることになる。この虚脱感が「燃え尽き症《バーンアウト》」と呼ばれる。能力の主体は、いわば自己の死に向かって自己を実現する。ここでは、自己実現が自己破壊と表裏一体の関係にある。

精神分析が成立したのは〔十九世紀の〕規律《ディシプリン》社会であったが、この規律《ディシプリン》社会における心の病《やまい》の典型は、ヒステリーである。ヒステリーは抑圧という否定性を前提としており、それによって無意識が形成される。無意識のなかへと押しやられた欲動の表象は、人格にはっきりと示される身体症状に「転換」される。この「転換」によって、欲動の表象は目に見えるようになる。そのようにして、ヒステリー患者は性格という形態《モルフェ》を示す。したがって、ヒステリーには［そのさまざまな性格形態を分類する］形態学が存在し、この点で、うつ病とは異なる。

フロイトにとって「性格」とは、否定性の現象である。というのも、それは心の装置の検閲機能なしには形成されないからである。それゆえ、フロイトは性格を「断念された対象備給の沈殿したもの」[42]と定義する。エスにおいて起こる対象備給が自我に知られると、自我は抑圧のプロセスによってこの対象備給を防ごうとする。性格はこの抑圧の歴史を含んでいる。性格は、自我とエス・超自我との関係を写し取っている。こうしてヒステリー患者が性格という形態《モルフェ》を示すのに対して、うつ病患者は型にはまらず、それどころか彼らには形態《ア・モルフ》がない。うつ病患者とは、性格のない人間なのである。

カール・シュミットによれば、たったひとりの現実の敵以上の敵がいることは、「内的な分裂の徴表《しるし》」だという。このことは、友人についても当てはまる。シュミットからすれば、たったひとりの友人以上の友人がいることは、〔私という自我に確固とした〕性格や形態がないことの徴表《しるし》だろう。フェイスブック上のたくさんの友人は、後期近代における自我の性格喪失や形態喪失を示している、といえるだろう。肯定的に語るならば、性格を失った人間は柔軟《フレキシブル》な人間であり、彼はあらゆる形態、あらゆる役割、あらゆる機能を担うことができる。形態が失われ柔軟《フレキシブル》になることによって、高い経済効率が生み出される。

フロイトが強調するように、無意識と抑圧とは「著しく相関的なものである。(71)」それに対してうつ病、燃え尽き症《バーンアウト》、注意欠陥多動障害（ADHD）といった、こんにちの心の病《やまい》は、抑圧と否定のプロセスと何の関係もない。むしろ、これらの心の病《やまい》は肯定性の過剰を示している。つまり、否定ではなく「否《ノー》」といえない無能を示しており、「してはならない」ではなく「すべてできる」と関係している。だから、精神分析によって現代の心の病《やまい》を理解することはできない。たとえば、超自我のような支配《コントロール》の審級によって抑圧されることで、うつ病が引き起こされるわけではない。うつ病の患者には、抑圧された心の内容を間接的に示してくれる「転移」も見当たらない。

こんにちの能力社会は自由と規制緩和を理念に掲げ、規律社会《ディシプリン》が作り上げた制限と禁止を次々に廃止していく。その結果は、境界と制限の全面的な撤廃であり、さらには、さまざまな要素の乱雑な混合である。それゆえ、こんにちではダニエル・パウル・シュレーバーのような人物によるパラノイア的妄想はもはや起こらない。フロイトによれば、シュレーバーの妄想の原因は抑圧された同性愛にあるという。「シュレーバーのケース」は十九世紀の規律社会《ディシプリン》によく見られたケースであったが、それはこの社会で同性愛が厳しく禁止されており、それどころか、そもそも快楽というものが厳しく禁止されていたからである。

うつ病は無意識と関係ない。しかし、アラン・エーレンバーグはこの無意識に固執する。「この社会的・精神的な転換を理解するには、うつ病の歴史が助けとなる。うつ病の増加はとどまるところを知らないが、それは二十世紀前半における主体の変容の二つの次元と関連している。二つの次元とは、「主体の」心的な解放と同一性《アイデンティティ》の不安定である。別言すれば、人格的《パーソナル》な自発性《イニシアチブ》と行為できない無能である。この二つの次元からは、いくつかの人間学的なリスクが明らかとなるが、そうしたリスクは、精神医学におけるノイローゼ的な葛藤《コンフリクト》が、うつ病的な不満足へと転換するさいに生じてくる。主体の変容によって生み出された個人は、自分で支配《コントロール》できない見知らぬものからのメッセージに直面する。この見知らぬものは、他の何かによっては説明できないような部分を含んでおり、それを西洋人は無意識と呼ぶ。個人はこうした部分からのメッセージに直面している。[43]」エーレンバーグによれば、この「支配《コントロール》できないもの」、すなわち「他の何かによっては説明できないもの[44]」を、うつ病は象徴的に表現しているという。「無制限の可能性が、この支配《コントロール》できないものと衝突すること[45]」が、うつ病とされる。したがって、うつ病とは、自発性を追求する主体が支配《コントロール》できないものによって挫折することだという。しかし、支配《コントロール》できないもの、他の何かによって説明できないもの、あるいは見知らぬものとは、無意識と同様に否定性の象徴である。それは、肯定性の過剰が支配的となった能力社会を構成するものではない。

フロイトによれば、憂鬱《メランコリー》とは、自己の一部へと内面化された他者との破壊的な関係だという。憂鬱《メランコリー》によって他者との根源的な葛藤《コンフリクト》は内面化され、自我の貧困や自虐を引き起こす葛藤《コンフリクト》的な自己関係へと変化する。それに対して、こんにちの能力の主体がうつ病を患《わずら》うときには、他者との葛藤《コンフリクト》や二律背反《アンビバレント》の関係は前提とされていない。そうした他者は、すでに消えて無くなっている。うつ病は、他者という次元と関係していない。しばしば燃え尽き症《バーンアウト》もうつ病につながるが、そのうつ病の要因となるのは、むしろ過度に緊張し変調するナルシシズム的な自己関係である。この自己関係は破壊的な性格をもつ。疲弊しうつ病の状態にある能力の主体は、いわば自分自身によって意気消沈させられている。能力の主体は自分自身によって、つまり自分自身との戦いによって倦《う》み疲れ、疲弊している。彼は自分から抜け出して、外に立つことができない。他者や世界を信頼することができず、自分自身にしがみついて離れない。だが、それは逆説的《パラドキシカル》にも、自己の空洞化と空疎化を引き起こす。自分自身の周りを回り続ける、しかもどんどんと速く回り続けるハムスターのように、能力の主体は回し車のなかに閉じこもっている。

他者との関係は、新たなメディアやコミュニケーション技術によっても、ますます解体されていく。デジタル世界は他者性に乏《とぼ》しく、そこには他者による抵抗が欠けている。他者とその抵抗の原理である「現実《リアリティ》の原則」がないので、自我はヴァーチャル空間を〈自分の思うように〉実践的に動き回ることができる。この空間でナルシシズム的自我が出会うのは、もっぱら自分自身である。ヴァーチャル化とデジタル化によって、自我に抵抗する他者という現実《リアリティ》は、ますます失われていく。

後期近代を生きる能力の主体は過剰なほどの可能性をもっているが、〈誰かや何かと〉強く結びつくことができない。そして、うつ病においては、あらゆる結びつきが失われ、自分との結びつきさえも失われてしまう。その意味では、うつ病は悲しみと異なる。悲しみは欲動《リビドー》によって、その対象と強く結びついている。それに対して、うつ病には対象がなく、それゆえ何かへと方向づけられていない。うつ病を憂鬱《メランコリー》から区別することも重要である。憂鬱《メランコリー》は喪失という経験を前提としている。したがって憂鬱《メランコリー》は、なおひとつの結びつきのうちにある。つまり、〈何かを喪失するというかたちで、なお〉喪失され不在であるものと否定的に関係している。それに対してうつ病は、あらゆる結びつきから切断されている。

悲しみは、強い欲動《リビドー》の備給を伴った対象が失われるときに生じる。悲しみに暮れる人は、〔失われた対象を志向しているという意味では、〕依然として〔その対象である〕愛する他者のもとにいる。だが、後期近代の自我《エゴ》は、欲動《リビドー》のエネルギーの大半を自分自身のために使用する。そして残りのわずかな部分が、他者とのコンタクトや関係に充《あ》てられる。他者とのコンタクトは増え続ける一方だが、その関係は表面的で刹那《せつな》的なものである。結びつきが弱まることで、欲動《リビドー》は簡単にその対象から離され、別の新たな対象へと備給されるようになる。〔他者という欲望の対象を失ったときの悲しみ、つまり〕長く苦しみを伴う「喪の仕事」は、いまや不要となる。SNS上の「友達」は、とりわけナルシシズム的な自己感情を高めるのに機能する。「友達」は商品のように陳列された自我《エゴ》に注意を向けて、この自我《エゴ》を褒《ほ》めそやす大衆なのである。

エーレンバーグの議論は、憂鬱《メランコリー》とうつ病とをたんに量的に区別するところから出発する。何かエリート的なものを感じさせる憂鬱《メランコリー》は、こんにち、うつ病へと民主化されているという。「憂鬱《メランコリー》が非凡な人間の特異性を意味するならば、うつ病とは、**この特異なものの大衆化**を表している。[46]」うつ病とは「憂鬱《メランコリー》に平等を加えたものであり、優れて民主的な人間の病である。」エーレンバーグはうつ病を時代の病《やまい》と見なす。それは、かつてニーチェが予言したように、主権的な人間が大挙して現れる時代の病《やまい》だという。そうすると、うつ病の人間とは自分の主権によって、かえって疲弊し、もはや自分自身の主人となる力がない人間ということになる。つまり、絶え間なく自発性《イニシアチブ》を要求されることに倦《う》み疲れている人間ということになる。しかし、こうしたうつ病の病因論において、エーレンバーグは矛盾に陥っている。「彼は憂鬱《メランコリー》とうつ病を、質的には連続するものと考えているが、」すでに古代から存在する憂鬱《メランコリー》を、「後期近代の」疲弊した能力の主体によって説明することはできない。古代の憂鬱質《メランコリカー》の人間は、うつ病の人間とはまったく異なる。うつ病の人間には「自分自身の主人となる力」あるいは「自分自身であることへの情熱」[47]が欠けている。

うつ病を患った能力の主体は、主権的な「超人」ではなく、むしろ「超人の対極にある」「末人」である。エーレンバーグが考えるのとは違って、ニーチェにおける超人とは、近代の疲弊した能力の主体に対する、文化批判的な対抗モデルとなっている。だからニーチェの著作において、超人は暇《ひま》な人間として登場する。ニーチェにとって、過剰《ハイパー・アクティヴ》に活動的な人間は嫌悪を催《もよお》させる存在である。「強い心」をもつ者は「安らぎ」を保って「ゆっくりと動き」、「過剰に活発な者に嫌悪」を覚えるという。『ツァラトゥストラ』において、ニーチェはこう述べている。「きみたちはみんな、激しい労働を好み、また速いもの、新しいもの、見慣れないものを好む。——きみたちは自分自身に耐えることができないのだ。きみたちの勤勉とは逃避であり、自分自身を忘れようという意志である。もしも、きみたちがもっと生を信じているならば、きみたちはこれほど刹那《せつな》に身を任せはしないだろう。しかしきみたちは待つために十分な中身をもち合わせていない。——怠《なま》けるためにさえ、十分な中身をもち合わせていないのだ！」[48]。病《やまい》を引き起こすのは、重力の欠如である。それは自己に重みを与えてくれる重力の欠如である。しかし、個々人に「自分自身になること」「ただ自分自身にふさわしい存在になること」を義務づける命法は、〔他のものから自己を〕遮断し、自己に重みを与える重力を生み出さない。

ニーチェの文化批判は経済的なプロセスをほとんど見落としており、その点では、問題含みのものである。〔他のものから自己を〕遮断するという形態において、自己には確固とした「中身」が与えられる。それは〔経済的な観点からすると、〕資本主義の生産関係に対して自己が確固となること《フレキシブルでなくなる》を意味する。つまり、〔他のものから自己を〕遮断するという形態は、資本主義の生産プロセスの加速を阻害する。反対に、自分がすべてに対して開かれている《オープン》と思うとき、つまり自分がまさに**柔軟で可変的な《フレキシブル》**ときにこそ、〔後期近代の資本主義社会を生きる〕能力の主体は、もっとも効率的に自分自身を搾取してしまう。そして、能力の主体は〔ニーチェが超人の対極に位置づける〕末人となる。

ヒステリーや悲しみと同様に、憂鬱《メランコリー》は否定性の現象である。それに対して、うつ病は肯定性の過剰と関係している。こうした憂鬱《メランコリー》とうつ病との根本的な相違を、エーレンバーグは理解していない。彼の命題《テーゼ》によれば、うつ病は憂鬱《メランコリー》の民主的な形態であるという。だが、うつ病と民主主義との連関は、どこか別の点に求めるべきだろう。カール・シュミットがいうように、うつ病はたしかに民主主義の特徴のひとつだろうが、それはうつ病には〔他のものから自己を〕遮断する力、すなわち物事を切り離す決定という暴力が欠けているからである。

エーレンバーグによるうつ病の考察は、もっぱら自己に関する心理学と病理学に依拠しており、経済的な文脈《コンテクスト》が考慮されていない。しかし、うつ病に先行してよく見られる燃え尽き症《バーンアウト》において強く示されるのは、主権的な個人が「自分自身の主人となる」力を失うといった事態ではない。燃え尽き症《バーンアウト》とは、むしろ自発的な自己搾取の結果として生じてくる病理である。燃え尽き症《バーンアウト》のあとに生じるうつ病は、人格の拡張、変容、再発見〔を私たちに求める社会〕の命法と表裏一体の関係にある。この命法は、私たちの人格の同一性《アイデンティティ》と結びついた製品が市場に供給されることを前提としている。私たちの同一性《アイデンティティ》が頻繁に変われば変わるほど、それだけいっそう〔新たな同一性と結びついた製品の供給に向けて〕生産は活発となる。産業社会としての規律《ディシプリン》社会においては、〔規律によって社会に従順な主体が形成されるためにも、自己の〕同一性《アイデンティティ》は不変である必要があった。しかし、ポスト産業社会としての能力社会においては、生産性をさらに向上させるために、柔軟《フレキシブル》で可変的な同一性《アイデンティティ》が必要となる。

エーレンバーグによると、葛藤《コンフリクト》と関わらないことが、うつ病の要因であるという。

「十九世紀末の遺産である主体という概念は葛藤《コンフリクト》に基づいているが、人々がもはやこの葛藤《コンフリクト》と関わらなくなることで、うつ病が流行することになる。[49]」葛藤《コンフリクト》は、精神分析の古典における支配的モデルである。そこで治療の中心となるのは、患者が自分の心の中にある葛藤《コンフリクト》を**認識すること**、つまりこの葛藤《コンフリクト》を表立って意識することである。しかし葛藤《コンフリクト》というモデルは、抑圧と否定という否定性を前提とする。したがって、このモデルは現代のうつ病にはもはや適用できない。というのも、うつ病にはまったく否定性が欠けているからである。葛藤《コンフリクト》と関わらなくなることで、うつ病は生じる。たしかにエーレンバーグも、このことは認識している。しかし、うつ病を説明するために、彼はなおも葛藤《コンフリクト》というモデルに固執する。エーレンバーグによれば、うつ病の根底には**隠れた**葛藤《コンフリクト》があり、それは抗うつ剤によってさらに背景へと後退してしまうという。「一方では個性《パーソナリティ》の発揮という福音によって、他方では成果を生み出す能力への崇拝によって、葛藤《コンフリクト》が消えて無くなるわけではない。だが葛藤《コンフリクト》は曖昧《あいまい》なものとなり、もはや信頼の置ける指導者ではなくなる。[50]」こうしたエーレンバーグの主張《テーゼ》を超えて、さらに考える必要があるのは、そもそも能力の主体は葛藤《コンフリクト》へと高まるような否定的感情をも許容しないという点である。能力を発揮し成果を生み出すことを絶えず強いられることで、否定的感情を言語化することは妨げられてしまう。葛藤《コンフリクト》を抱えて働くことは、端的にいって、あまりにも時間を食うので、つねに成果を求められる能力の主体は、もはやこうした仕方では働けない。それよりも簡単なのは、抗うつ剤を使用することである。抗うつ剤はすぐさま、この主体がふたたび働けるように、そして能力を発揮して成果を生み出せるようにしてくれる。

現代における争いとは、グループ間の争いでも、イデオロギー間の争いでも、階級間の争いでもなく、個人間の争いである。しかしこの事実は、能力の主体の危機に対して、エーレンバーグが考えるほど決定的なものではない。[51] 問題は、競争が個人間で行われることではなく、むしろこの競争の自己関係的な性格である。これこそが、競争を**絶対的な競争**へと先鋭化させている。つまり、能力の主体は自分自身と競争し、つねに自分に競り勝たねばならないという自己破壊的な強制のもとに陥っている。こうした自己強制は私たちに自由として与えられるが、破滅的な結果に終わる。**燃え尽き症《バーンアウト》とは、こうした絶対的な競争の結果である。**

社会が規律社会《ディシプリン》から能力社会へと移行するにさいして、超自我は肯定され**理想的自我**となる。超自我は抑圧的である。超自我がとりわけ口にするのは禁止である。「命令口調の『すべき』という当為がもつ厳しく冷酷な性格で」、すなわち「厳しく制限し冷酷に禁止するという性格で、」超自我は自我を支配《コントロール》する。こうした抑圧的な超自我とは反対に、理想的自我は魅惑的である。能力の主体はこの理想的自我を目指して**自己をプロジェクトする**〔＝自己を企て投げる（sich entwerfen）〕。それに対して、規律社会《ディシプリン》の従順な主体は、超自我に**自己を従属させる**〔＝超自我の下へ自己を投げ入れる（sich unterwerfen）〕。従属とプロジェクトは、私たちが現に存在《ダーザイン》することの二つの異なる様態である。超自我から生み出されるのは、否定的な強制である。それに対して理想的自我は、自我を肯定的に強制する。超自我の否定性は、自我の自由を制限する。それに対して、理想的自我を目指して自己をプロジェクトすることは、自由な行為と理解される。しかし理想的自我は、自我にとって到達不可能な目標であり、もし自我がこの理想的自我にこだわるならば、自我は完全に意気消沈してしまうだろう。現実の自我と理想的自我との隔《へだ》たりからは、自分自身を攻撃する自虐が生じてくる。

後期近代における能力の主体は、誰にも従属しない〔＝誰の下にも自己を投げ入れない〕。この主体は、ほんとうはもはや主体ではない。というのも、**従属すること**〔＝下に（sub）投げられている（ject）こと〕（subject to／subjet à）こそが、主体の特徴だからである。主体は肯定され、さらに解放されプロジェクト〔project〕となる。しかしながら、主体〔Subjekt〕からプロジェクト〔Projekt〕へと転換することによって、強制が消えて無くなるわけではない。異質な他者による強制に代わって現れるのは、自己による強制であり、しかもそれは自由として与えられる。こうした強制の展開は、資本主義の生産関係と密接に関連している。生産がある特定の水準に達すると、異質な他者から搾取するよりも、自己から搾取した方がはるかに効率的であり、もっと多くの成果を生み出せる。それというのも、自己搾取には自由の感情が伴われるからである。能力社会とは、自己搾取社会なのである。能力の主体は燃え尽きる《バーンアウトする》まで、自分自身から搾取を続ける。そのさいに展開されるのは、自分自身を攻撃する自虐であり、それは先鋭化して自己殺害に至ることもまれではない。いまやプロジェクトは、能力の主体が自分自身に向けて発射した**砲弾**《プロジェクト》〔Projektil〕であることが分かるだろう。

理想的自我を前にすると、現実の自我は自己批判を浴びせかけられる無能な存在に思えてしまう。こうして自我は自分自身と戦うことになる。この戦いに勝者は存在しない。というのも〔勝者も敗者も同じ自我だから〕、勝利は勝者の死とともに終わってしまう。能力の主体は戦いのなかで砕け散ってしまうのである。肯定性の社会は、異質な他者による強制の一切から解放されたと信じているが、ほんとうは自己による破壊的な強制のなかに巻き込まれている。燃え尽き症《バーンアウト》やうつ病といった心の病《やまい》は、二十一世紀を代表する病理である。こうした病《やまい》にそろって示されるのは、その自虐的な性格である。人々は自分自身に暴力を振るい、自分自身から搾取する。異質な他者によって引き起こされる暴力に代わって現れたのは、自己によって生み出された暴力である。自己による暴力は、他者による暴力よりも致命的である。なぜなら、自己による暴力の被害者は、自分が自由だと錯覚しているからである。

〔アガンベンによると〕**ホモ・サケル**[72]とは、もともとある罪を犯したために社会から排除された人間のことをいう。人々は罰せられることなく、この**ホモ・サケル**を殺すことができた。〔**ホモ・サケル**を法秩序の外部に置くことができるように、〕主権者の手中には、現行の法秩序を廃棄《アウフヘーベン》できる絶対的な権力がある。主権者は法を制定〔あるいは停止・廃棄〕する暴力を体現している。この暴力は法秩序の外部で、この法秩序と関係している。だから主権者は法を制定するために、法を必要としない。例外状態において現行の法が停止すると、法から自由な空間が生み出され、個々人への絶対的な介入が可能となる。こうして**ホモ・サケル**の剝《む》き出しの生が生み出される。これが主権の根源的な働きである。**ホモ・サケル**の生が剝《む》き出しであるのは、この生が法秩序の保護の外部にあり、したがって、いつでも殺害されうるからである。

アガンベンによれば、ただ人間が主権の権力に取り込まれることによってのみ、別言すれば、「ただ〔主権者の〕無制約な生殺与奪の権力に身を任せる〔abbandono〕ことによってのみ、[52]」人間の生は政治化されるという。**ホモ・サケル**の殺害可能な剝《む》き出しの生と、主権の権力とは、互いが互いを生み出している。「私たち近代人がふつう市民権、自由意志、社会契約といった概念によってイメージする政治的空間とは違って、主権の観点から見ると、真に政治的であるのは、剥《む》き出しの生だけである。」[53]「死に曝《さら》された生」こそが、「根源的に政治的なエレメント」である。「政治の根源的現象」は禁令であり、それが**ホモ・サケル**の剥《む》き出しの生を生み出している。主権と**ホモ・サケル**の剥《む》き出しの生とは、ひとつの秩序の両極に位置している。だから主権者の極から見れば、「この秩序のうちにある」すべての人間が、潜在的には**ホモ・サケル**なのである。

こうしたアガンベンの**ホモ・サケル**論においても、否定性の図式《スキーム》は固持されている。だから、加害者と被害者、主権者と**ホモ・サケル**とは明確に、そして位相的《トポロジー》にも、相互に区別される。アガンベンによれば、主権と**ホモ・サケル**の剥《む》き出しの生とは、「ひとつの秩序の両極に」位置している。アガンベンのいう例外状態とは、否定性の状態である。それに対して、現代の能力社会の**ホモ・サケル**たちは、全体主義化した正常状態のうちに暮らしている。全体主義化した正常状態は、肯定性の状態である。主権社会から現代の能力社会への変化の根底には、暴力の位相的《トポロジー》な変化がある。「それは他者としての主権者による否定性の暴力から、自己による肯定性の暴力への変化であるが〕アガンベンはこうした暴力の変化を見逃している。

能力の主体は外的な支配《コントロール》の審級から自由であり、こうした審級によって労働を強制されたり、搾取されたりしない。能力の主体は自分自身にのみ従属している。とはいえ、外的な支配《コントロール》の審級が無くなることで、強制の構造までもが無くなるわけではない。自由と強制は一体化する。能力の主体はみずからの能力を発揮して成果を最大化するために、自由な強制に身を委ねる。そして自分自身から搾取する。ここでは搾取する者が同時に搾取される者であり、加害者が被害者であり、主人が奴隷である。資本主義システムを加速させるため、このシステムは搾取の対象を異質の他者から自己へと切り替えるのだ。能力の主体は自分自身の主権者として、すなわち自由な人間である**ホモ・リベル**〔homo liber〕として振る舞うが、ほんとうは**ホモ・サケル**〔homo sacer〕なのである。能力の主体は主権者であると同時に、自分自身の**ホモ・サケル**でもある。**ホモ・リベル**は、**ホモ・サケル**として明らかになる。逆説的論理《パラドキシカル・ロジック》の観点からすれば、能力社会においても、主権者と**ホモ・サケル**とは互いが互いを生み出している。

ひょっとしたら私たちはみな潜在的な**ホモ・サケル**でありうると、アガンベンは述べている。彼がこう述べるのは、私たちはみな主権による禁令に従っており、絶対的な殺害可能性に曝《さら》されていると考えるからである。しかし、アガンベンによるこうした社会診断は、現代社会には当てはまらない。現代社会は、もはや主権社会ではない。こんにち、私たちがみな**ホモ・サケル**でありうるのは、主権による禁令ではなく、**能力による禁令である**。能力の主体は自分が自由だと錯覚し、**ホモ・リベル**つまり自分自身の主権者を演じている。しかし、この主体自身は**能力による禁令**に従っており、それによって自分自身が**ホモ・サケル**となっている。

エーレンバーグによるうつ病の理論も、能力社会に内在する、こうしたシステムの暴力を見逃している。彼の理論は全般的に心理学に基づいて構想されており、経済的・政治的な視点に欠ける。だからエーレンバーグは、能力の主体の心の病《やまい》における新自由主義《ネオ・リベラリズム》的な支配関係を認めない。しかしこの支配関係によって、主権的な人間、すなわち自分自身の経営者である人間は、同時に自分自身の奴隷となるのである。

資本主義経済は、生き延びることを絶対視する。より多くの資本がより多くの生を生み出し、生きるためのより多くの能力を生み出す。こうした幻想に、資本主義経済は拠《よ》って立つ。しかし、生を死から峻別することによって、生そのものはその生気を失い、死霊のように硬直化する。ただ生き延びることのヒステリーによって、善く生きることへの気遣《ゾルゲ》いは退《しりぞ》けられてしまう。[54] そして、生は生物学的な生命プロセスへと還元される。こうして、生そのものは剥《む》き出しの状態となり、個々人の〔人生という生の〕物語《ナラティヴ》も脱ぎ捨てられる。生はその生気を失うが、それは、たんなる生命力や健康よりも格段に複雑なものであった。いまや生は硬貨《コイン》のように剥《む》き出しの状態となり、個々人の〔生の〕物語《ナラティヴ》の中身は完全に抜け落ちてしまう。そして、まさにそのとき、健康幻想が生じてくる。社会がアトム化し、社会的なものが蝕《むしば》まれていくなかで残るのは、**自我の身体**だけである。だからこの身体は、なんとしても健康に維持されなければならない。剥《む》き出しの生は、あらゆる目的論を消し去る。そして人が健康であるための目的〔um-zu〕も消し去る。健康は〔自分の外にある目的と関わらず〕自己関係的となり、**目的のない合目的性**へと空疎化される。

能力社会における**ホモ・サケル**の生が、剥き出しであり神聖であるのは、〔アガンベンが論じる主権社会の**ホモ・サケル**の場合とは〕まったく別の理由による。生が剥《む》き出しとなるのは、この生が一切の超越を脱ぎ捨て、たんなる生の内在へと還元されるからである。いまや、あらゆる手段を駆使して、この生を延長することが重要となる。健康が新たな女神として奉《たてまつ》られる。[55] それゆえ、たんなる生が神聖となる。能力社会の**ホモ・サケル**たちは〔健康であり続けねばならず、〕絶対に殺害不可能とされる。この点において、彼らは主権社会の〔絶対的に殺害可能な〕**ホモ・サケル**とは異なる。能力社会の**ホモ・サケル**たちの生は、生きた屍《アン・デッド》のようである。彼らは死ぬためにはあまりにも生き生きとしており、生きるためにはあまりにも死んでいるようなのである。

【訳注】

（71）原文には出典が欠けているので、これを補う。Sigmund Freud, "Die Verdrängung", in: ders., *Das Ich und das Es. Metapsychologische Schriften*, Fischer: Frankfurt a. M. 1992, S. 106.〔ジークムント・フロイト、新宮一成訳「抑圧」、新宮一成訳『フロイト全集14 症例「狼男」・メタサ

イコロジー諸篇』、岩波書店、二〇一〇年、所収、一九七頁。中山元訳「抑圧」、中山元・竹田青嗣訳『自我論集』筑摩書房（ちくま学芸文庫）、一九九六年、所収、五三頁。」

(72) ジョルジョ・アガンベン（一九四二年－　）は、イタリアの哲学者。ハンナ・アーレント（一九〇六年－一九七五年）の政治哲学やカール・シュミット（一八八八年－一九八五年）の法哲学を再解釈しながら、独自の生権力論を展開する。シュミットは国家権力を法制度ではなく、法制度を停止させる力に求め、「主権者とは例外状態にかんして決定をくだす者を言う」（C・シュミット、田中浩・原田武雄訳『政治神学』、未来社、一九七一年、一一頁）と定義する。つまり、国家権力としての主権とは、法制度に基づくのではなく、むしろ戒厳令や非常事態宣言によって法制度を停止させ、「例外状態」を作り出す力を意味する。このシュミットの議論を、アガンベンは古代ローマの法制度における「ホモ・サケル（homo sacer）」の存在に接続させる。古代ローマにおける「ホモ・サケル」とは、罪を犯したことで法律の適用から除外された人々のことを指す。「ホモ・サケル」は法に基づいて罰せられるのではなく、むしろ法秩序の外に排除されることで、人々は「ホモ・サケル」を法律上の殺人罪に問われることなく殺害することができた。こうした「ホモ・サケル」の存在に、アガンベンは生権力の構造を見出す。つまり、主権者は「ホモ・サケル」をたんに法制度の外に排除するのではなく、法＝権利が宙吊《ちゅうづ》りにされた「例外状態」に置くことで、彼らの生を法的に保護されない「剥き出しの生」とする。そして、主権者はこの「剥き出しの生」に対して、法に規制されることなく生殺与奪を行うのである。したがってアガンベンによれば、法の外部としての「例外状態」とは、人々に法権力ではなく生権力が行使される空間であり、それは政治の空間に他ならないという（上村忠男『アガンベン《ホモ・サケル》の思想』、講談社（講談社選書メチエ）、二〇二〇年、四―八頁を参照）。

原注

訳者注記

＊注35以降、出典表記の形式が変わるが、これは本書の終章「燃え尽き症《バーンアウト》社会」が新たに書き加えられたことに起因すると思われる。原文を尊重して、出典表記の形式を統一することはしていない。

1　興味深いことに、社会に関する言説《ディスクール》と生物学における言説《ディスクール》とのあいだには、隠れた相互作用が存在する。科学は、科学に由来しない傾向性から自由でない。だから、東西冷戦の終結後、医療における免疫学の内部でも物の見方の変化《パラダイム・チェンジ》が起きている。アメリカの免疫学者ポーリー・マジンガーは、冷戦時代の免疫学における旧来の物の見方《パラダイム》を否定する。彼女の新たなモデルによると、免疫システムが区別するのは、**自己**と**非自己**、自己に固有なものと、他なるものないし異質なもの、あるいは**友好的なもの**と**危険なもの**であるという（Vgl. Polly Matzinger, Friendly and dangerous signals: is the tissue in control?, in: Nature Immunology, vol.

8, n. 1, 2007, S. 11-13)。その場合、免疫防御の対象は異質性や他性そのものではない。防御の対象となるのは、異質な侵入者のうち、自己に固有なものの内部において、敵対的な態度をとるものに限られる。この意味で、異質なものが目立たないかぎり、この異質なものは免疫防御の影響を受けない。こうしたマジンガーの考えによれば、生物学的な免疫システムはこれまで考えられてきたよりも外来者に対して友好的である。つまり、免疫システムは外来者に対する嫌悪《ゼノフォビア》を知らない。免疫システムは外国人嫌悪《ゼノフォビア》の人間社会よりも知的である。外国人嫌悪《ゼノフォビア》は、免疫反応の病的な過剰であるが、そうした過剰な免疫反応は、自己に固有なものの展開にとっても有害である。

2　ハイデガーの思想にも、免疫学的な特徴が見られる。ハイデガーは**同質なもの**〔das Gleiche〕を頑なに拒み、**同一のもの**〔das Selbe〕を対峙させる。同質なものと違って、同一なものは内面性を有しているが、あらゆる免疫反応はそうした内面性に基づいている。

3　Roberto Esposito, Immunitas, Schutz und Negation des Lebens, Berlin 2004. S. 7.

4　Jean Baudrillard, Die Transparenz des Bösen. Ein Essay über extreme Phänomene, Berlin 1992, S. 75.〔ジャン・ボードリヤール、塚原史訳『透きとおった悪』、紀伊國屋書店、一九九一年、八九頁。〕

5　Ebd., S. 86.〔塚原史訳『透きとおった悪』一〇二―一〇三頁。〕

6　Ebd., S. 54.〔該当頁に引用文は見当たらない。なお似たような記述はボードリヤールの以下の論文に見られる。Jean Baudrillard, "Vom Universellen zum Singulären: die Gewalt des Globalen", in: *Die Zukunft der Werte. Dialoge über das 21 Jahrhundert*, hrsg. von Jérôme Bindé, Suhrkamp: Frankfurt a. M. 2007, S. 40.〕

7 Jean Baudrillard, Der Geist des Terrorismus, Wien 2002, S. 85.〔同書はボードリヤールの論考「テロリズムの精神」のドイツ語訳に加え、ペーター・エンゲルマン（Peter Engelmann）によるインタビューを付録として収録したもので、引用箇所はこの付録の部分にあたる。なお、ボードリヤールの論考自体には邦訳も存在する。邦訳については原注9を参照。〕

8 Ebd., S. 86.

9 Ebd., S. 20.〔ジャン・ボードリヤール、塚原史訳「テロリズムの精神」、塚原史訳『パワー・インフェルノ』、NTT出版、二〇〇三年、所収、二〇頁。〕

10 Alain Ehrenberg, Das erschöpfte Selbst. Depression und Gesellschaft in der Gegenwart, Frankfurt a. M. 2008, S. 14 f.

11 Ebd., S. 155.

12 ニーチェにおける末人たちは、健康を女神として奉《たてまつ》る。「人々は健康を敬うのだ。『私たちは幸福を考案した』——末人たちはそう言って目をまばたかせる。」（Also sprach Zarathustra, Kritische Gesamtausgabe, 5. Abteilung 1. Band, S. 14.〔フリードリッヒ・ニーチェ、吉沢伝三郎訳『ニーチェ全集9 ツァラトゥストラ上』、筑摩書房（ちくま学芸文庫）、一九九三年、三

二頁。丘沢静也訳『ツァラトゥストラ（上）』、光文社（光文社古典新訳文庫）、二〇一〇年、三〇—三一頁）。〕

13 本来の意味における自由は、否定性と結びついている。自由はつねに、免疫学的な他者による強制からの自由である。ところが、肯定性が過剰となり否定性が退けられてしまうと、否定の否定から弁証法的に生じてくる自由のもつ強勢も消えてしまう。

14 Walter Benjamin, Gesammelte Schriften Bd. II/2, Frankfurt a. M. 1977, S. 446.〔ヴァルター・ベンヤミン、三宅晶子訳「物語作者」、浅井健二郎編訳『ベンヤミン・コレクション2 エッセイの思想』、筑摩書房（ちくま学芸文庫）、一九九六年、所収、二九九頁。〕

15 Benjamin, Passagen-Werk, Gesammelte Schriften Bd. V/1, Frankfurt a. M. 1982, S. 161.〔ヴァルター・ベンヤミン、今村仁司・三島憲一他訳『パサージュ論（一）』、岩波書店（岩波文庫）、二〇二〇年、二七八—二七九頁。〕

16 メルロ＝ポンティは次のように述べている。「私たちはつねに、流動的で曖昧《あいまい》な外見を忘れ、この外見によって表象されているものへと、この外見をつらぬいて直接に赴く。」(Maurice Merleau-Ponty, Das Auge und der Geist. Philosophische Essays, Hamburg 1984, S. 16.)〔該当箇所に引用文は見当たらない。おそらく以下からの引用と思われる。Maurice Merleau-Ponty, "Der Zweifel Cézannes", in: ders., *Sinn und Nicht-Sinn*, übers. von Hans-Dieter Gondek, Fink: München 2000, S. 23. ／モーリス・メルロ＝ポンティ、粟津則雄訳「セザンヌの疑惑」、滝浦静雄・

粟津則雄・木田元・海老坂武訳『意味と無意味』、みすず書房、一九八三年、所収、二二一―二三頁。〕

17 Ebd., S. 15.〔ここも該当箇所に引用文は見当たらない。おそらく以下からの引用と思われる。Merleau-Ponty, “Der Zweifel Cézannes”, S. 22.／粟津則雄訳「セザンヌの疑惑」二二頁。〕

18 Nietzsche, Menschliches Allzumenschliches I, Kritische Gesamtausgabe, 4. Abteilung, Bd. 2, Berlin 1967, S. 236.〔フリードリッヒ・ニーチェ、池尾健一訳『ニーチェ全集5 人間的、あまりに人間的I』、筑摩書房（ちくま学芸文庫）、一九九四年、三〇〇頁。〕

19 アーレントの考えとは異なり、キリスト教の伝統においても、観想的な生が一方的に優位であったわけではない。この伝統において求められてきたのは、むしろ活動的な生と観想的な生との調停である。だから、聖グレゴリウスも次のように述べている。「活動的な生から観想的な生へ移るという善き生のプログラムが求められるのであれば、魂が観想的な生から活動な生へと戻ることが、しばしば有益である。それによって、心の内にともる観想の炎は活動にその完全さを贈与するからである。私たちはこのことを理解しなければならない。それゆえ、活動的な生は私たちを観想へと導くはずであるが、この観想は、私たちが内的に考察し、私たちを活動へと呼び戻すものに由来している。」（Alois M. Haas, Die Beurteilung der *Vita contemplativa* und *activa* in der Dominikanermystik des 14. Jahrhunderts, in: Arbeit Muße Meditation, hrsg. von B. Vickers, Zürich 1985, S. 109-131, hier: S. 113.）

20　「そもそも人間たちが生まれてくるということ、それとともに、誕生したことのおかげで、彼らが行為しつつ実現することができる新たな始まりも生まれる。この点にこそ奇跡が存在する。（中略）この世界において信頼を抱き、この世界に希望をもってよいのだということ、このことをもっとも簡潔に美しく表現したのは、おそらくクリスマスの聖譚曲《オラトリオ》が『善き知らせ』を宣《の》べ伝える言葉であろう。――『私たちにひとりの子どもが生まれた。』」（Hannah Arendt, Vita activa oder Vom tätigen Leben, München 1981, S. 317.〔ハンナ・アーレント、森一郎訳『活動的生』、みすず書房、二〇一五年、三二六―三二七頁。志水速雄訳『人間の条件』、筑摩書房（ちくま学芸文庫）、一九九三年、三八五―三八六頁。〕

21　Ebd., S. 406.〔正確には S. 410-411。森一郎訳『活動的生』四二一頁。志水速雄訳『人間の条件』五〇〇頁。〕

22　Ebd., S. 409.〔森一郎訳『活動的生』四一九頁。志水速雄訳『人間の条件』四九八頁。〕

23　Ebd., S. 411.〔森一郎訳『活動的生』四二一頁。志水速雄訳『人間の条件』五〇〇頁。〕

24　Ebd.〔森一郎訳『活動的生』四二一頁。志水速雄訳『人間の条件』五〇一頁。〕

25　Nietzsche, Menschliches, Allzumenschliches I, a.a.O., S. 235 f.〔フリードリッヒ・ニーチェ、池尾健一訳『ニーチェ全集5 人間的、あまりに人間的I』、筑摩書房（ちくま学芸文庫）、一九九四年、二九八頁。〕

26　ハイデガーにおける「不安」もサルトルにおける「嘔吐《おうと》」も、典型的な免疫学的反応である。

実存主義とは、免疫学的な特徴の強い哲学的言説《ディスクール》なのである。実存哲学は自由を強調するが、その自由は他性や異質性という毒性《ヴィルレンス》に基づいたものである。ハイデガーとサルトルの著作は二十世紀の哲学的名著であるが、まさにこれらの作品によって、二十世紀が免疫学的な時代であったことが示唆されている。

27 Baudrillard, Transparenz des Bösen, a. a. O., S. 71.〔ジャン・ボードリヤール、塚原史訳『透き通った悪』、紀伊國屋書店、一九九一年、八五頁。〕

28 ドゥルーズはこう述べている。「バートルビーは〔統合失調症の一種である〕緊張病《カタトニー》や拒食症を患《わずら》っているが、彼自身は患者ではなく、病めるアメリカの医者であり、祈祷師《きとうし》であり、新たなキリストであり、あるいは、私たちみんなの兄弟なのである。」(Bartleby oder die Formel, Berlin 1994, S. 60.〔ジル・ドゥルーズ、守中高明・谷昌親訳『批評と臨床』、河出書房新社（河出文庫）、二〇一〇年、一八六頁。〕)

29 ドイツ語の翻訳では、〔「窓のない壁《デッド・ウォール》」は〕「防火壁（Brandmauer）」や「見えないレンガの壁（blind Ziegelmauer）」と訳されてしまい、〔「窓のない」を意味する英語「デッド（dead）」がもつ〕死の位相《アスペクト》が完全に消えてしまっている。

30 Agamben, Bartleby oder die Kontingenz, Berlin 1998, S. 33.〔ジョルジョ・アガンベン、高桑和巳訳『バートルビー 偶然性について』、二〇〇五年、月曜社、三八頁。〕

31 Ebd., S. 13.〔高桑和巳訳『バートルビー 偶然性について』一四頁。〕

32 Ebd., S. 40.〔高桑和巳訳『バートルビー 偶然性について』四七頁。〕

33 Peter Handke, Versuch über die Müdigkeit, Frankfurt a. M. 1992.

34 カントやレヴィナスの倫理学も、〔自他を厳しく区別する〕免疫学的な構造をもっている。たしかにカントの道徳的主体は寛容に振る舞うが、その寛容は純粋に免疫学的な範疇《カテゴリー》にある。つまり寛容が差し向けられるのは、他者の他者性なのである。したがってカントの倫理学は、否定性の倫理学である。それをヘーゲルは承認論によって完成させる。それに対して、レヴィナスは自我の免疫的寛容をゼロにまで引き下げる。だから自我は「暴力に曝される」ことになる。そうした「暴力」とは、他者に由来し、自我を根本的に問いただす暴力である。まったくの他者を強調するという点で、レヴィナスの倫理学も、やはり免疫学的な特徴をもっている。

35 Sigmund Freud, "Das Ich und das Es", in: ders., *Das Ich und das Es. Metapsychologische Schriften*, Frankfurt a. M. 1992, S. 294.〔ジークムント・フロイト、道籏泰三訳「自我とエス」、家高洋他訳『フロイト全集18 自我とエス』、岩波書店、二〇〇七年、所収、六〇頁。中山元訳「自我とエス」、中山元・竹田青嗣訳『自我論集』筑摩書房（ちくま学芸文庫）、一九九六年、所収、二六九頁。〕

36 Immanuel Kant, *Die Metaphysik der Sitten*, hrsg. von W. Weischedel, Darmstadt 1983, S. 573.〔イマヌエル・カント、樽井正義・池尾恭一訳『カント全集11 人倫の形而上学』、岩波書店、二〇

○二年、三二六頁。〕

37 Ebd.〔樽井正義・池尾恭一訳『カント全集11 人倫の形而上学』三二六頁〕

38 Ebd., S. 574.〔樽井正義・池尾恭一訳『カント全集11 人倫の形而上学』三一六—三一七頁〕

39 Immanuel Kant, *Kritik der praktischen Vernunft*, hrsg. von. W. Weischedel, Darmstadt 1983, S. 239.〔イマヌエル・カント、坂部恵・伊古田理訳「実践理性批判」、坂部恵・伊古田理・平田俊博訳『カント全集7 実践理性批判・人倫の形而上学の基礎づけ』、岩波書店、二〇〇〇年、所収、二八五頁。中山元訳『実践理性批判2』、光文社（光文社古典新訳文庫）、二〇一三年、一一六頁。〕

40 Richard Sennett, *Verfallen und Ende des öffentlichen Lebens. Die Tyrannei der Intimität*, Berlin 2008, S. 563.〔リチャード・セネット、北山克彦・高階悟訳『公共性の喪失』、晶文社、一九九一年、四五〇頁。〕

41 Ebd. S. 581.〔北山克彦・高階悟訳『公共性の喪失』四六四頁。〕

42 Freud, "Das Ich und das Es", S. 268.〔道籏泰三訳「自我とエス」二四頁。中山元訳「自我とエス」二二九頁。〕

43 Alain Ehrenberg, *Das erschöpfte Selbst. Depression und Gesellschaft in der Gegenwart*, Frankfurt a. M. 2004, S. 273.

44 Ebd., S. 277:「無制限の可能性の時代において、うつ病は支配《コントロール》できないものを象徴している。

私たちは自分の精神と身体の自然本性を操作し、さまざまな手段を使って自分の限界を超えていくことができる。しかしこの操作によって、私たちは何ものからも解放されない。強制と自由は変化していくが、『他の何かによって説明できないもの』が、少しでも無くなるわけではない。」

45 Ebd., S. 275.

46 Ebd., S. 262.

47 Ebd., S. 199.

48 Friedrich Nietzsche, *Also sprach Zarathustra, Ein Buch für alle und keinen* (1883-1885), in: *Nietzsche Werke. Kritische Gesamtausgabe*, hrsg. von Giorgio Colli und Mazzino Montinari, 6. Abteilung, 1. Band, Berlin 1968, S. 52 f.〔フリードリッヒ・ニーチェ、吉沢伝三郎訳『ニーチェ全集9 ツァラトゥストラ上』、筑摩書房(ちくま学芸文庫)、一九九三、八四頁。丘沢静也訳『ツァラトゥストラ（上）』、光文社（光文社古典新訳文庫）、二〇一〇年、九〇頁。〕

49 Ehrenberg, *Das erschöpfte Selbst*, S. 11.

50 Ebd., S. 248.

51 Vgl. ebd., S. 267.「グループ間の争いに代わって現れたのは、個人間の競争である。（中略）私たちは二重の現象を体験している。ますます進展するが抽象的にとどまる普遍化（グローバリゼーション）と、同様に進展するが具体的に感じることのできる個人主義化という二つの現象である。私たちはともに、上司という個人や階級という類とは戦えるだろうが、グローバリゼーション〔という普遍的なもの〕とは、どのように戦えばいいのだろうか。」

52　Giorgio Agamben, *Homo sacer. Die Souveränität der Macht und das nackte Leben*, Frankfurt a. M. 2002, S. 100.〔＝ジョルジョ・アガンベン、高桑和巳訳『ホモ・サケル 主権権力と剥き出しの生』、以文社、二〇〇七年、一三〇頁。〕

53　Ebd., S. 116.〔高桑和巳訳『ホモ・サケル 主権権力と剥き出しの生』一五一頁。〕

54　アリストテレスの指摘によれば、純粋な資本所得が批判に値するのは、それがたんに生きることを気にかけるだけで、善く生きることを気にかけないからだという。「したがって、それはある種の人々には家政の課題であるように思われる。彼らが固持し続ける見解によれば、私たちは貨幣財産を守るか、それを無制限に増やさなければならないという。こうした考え方の根底にあるのは、生へのたゆまぬ努力であるが、それは善き生への努力ではない。しかし財産への欲望はとどまるところを知らないので、彼らはこの欲望を充実するために、無制限の可能性をも欲する。」（『政治学』1257b〔アリストテレス、神崎繁・相澤康隆・瀬口昌久訳「政治学」第一巻第一〇章、神崎繁・相澤康隆・瀬口昌久訳『アリストテレス全集17 政治学家政論』、岩波書店、二〇一八年、所収、四八頁。〕）

55　ニーチェが考える〔超人の対極にある〕末人という概念は、神の死のあとに健康が新たな女神となることを説明するものである。「人々は健康を敬うのだ。『私たちは幸福を考案した』

——末人たちはそう言って目をまばたかせる。」（*Also sprach Zarathustra*, S. 14〔吉沢伝三郎訳『ニーチェ全集9 ツァラトゥストラ上』三二頁。丘沢静也訳『ツァラトゥストラ（上）』三〇——三一頁。〕）

訳者あとがきに代えて

コロナ・ウィルスと疲労社会

本書はビョンチョル・ハンの著作『疲労社会』の翻訳である。ドイツ語の原書は二〇一〇年にMatthes & Seitz Berlin社から刊行された。本書は第二版（二〇一六年）に依拠し、付論Hoch-Zeitを除いたすべての章を訳出した。本書には社会批判という趣もあることから、訳出にあたっては日本語としての読みやすさを第一に考え、意訳した箇所も多々ある。

著者のハンについては、本書と同時に刊行される『透明社会』のあとがきで詳しく紹介されているので、ここでは繰り返さない。また、本書はひとつの思想を体系立てて一本の線で描くというよりも、同じモチーフをさまざまな視点から繰り返し展開していく、というスタイルなので、ここで訳者が本書の内容について拙い解説を書くことも余計だと思う。そこで、以下では本書の翻訳の経緯を振り返りながら、ごく簡単にではあるが、コロナ禍の日本社会という視点から本書の意義について考えてみたい。

1

本書の翻訳は二〇一九年十二月に、花伝社の編集者であった山口さんの依頼を受けるかたちでスタートした。当初は数ヶ月で訳稿を完成させる予定であったが、二〇二〇年三月以降のコロナ・ウィルス感染拡大のため、翻訳作業は大幅に遅れ、二〇二一年七月末にようやく脱稿となった。この間、訳者の勤務する大学では授業がオンライン形式となり、さらに二〇二一年四月からは、教室で授業を行いながらオンラインでも配信するというハイブリッド形式もはじまった。オンラインやハイブリッドは、とりわけ語学授業に関して、授業のクオリティ・コントロールが難しく、教員の負担も大幅に増えた。訳者も所属学部の第二外国語の責任者をつとめており、教務に忙殺される日々である。他方で、子どもの小学校は二〇二〇年三月から四ヶ月近く休校となり、その後も感染防止のため、子どもが休日どこかに出かけることも、休暇を祖父母の家で過ごすことも難しい状況が続いている。ひとり親の訳者にとっては悩ましい日々である。

翻訳作業に関していえば、国内外の大学や研究機関の図書館の利用が、感染予防のため大幅に制限され、資料を収集するのも大変であった。本書の著者はフランス語やイタリア語の原書をドイツ語の翻訳で参照しているが、そのドイツ語翻訳を手に入れるのに、とりわけ苦労した。また、出典が明記されていない引用や、明記された出典が間違っている箇所も多々あり、それらをひとつひとつ確認していく作業は、思った以上に時間のかかる作業であった。そうこうしている間に、二〇二一年二月に花伝社の編集者であった山口さんが転職されてしまった。

本書によれば、二十一世紀という時代の病はウィルスではなく、うつ病や燃え尽き症《バーンアウト》のような精神疾患であり、その背景にあるのが「疲労社会」としての現代社会であるという。しかし本書の原書が出版されてから十年、皮肉にも私たちはウィルスの脅威と戦っている。

では、本書の時代診断がまったく見当違いだったのかといえば、そうともいえない。コロナ禍のなか、私たちはウィルスへの感染だけでなく、うつや燃え尽き《バーンアウト》といった精神の疲労と不調にも悩まされている。小中学校では行事が軒並み中止となり、子どもたちはマスクとソーシャル・ディスタンスによって行動を制限されている。そして休校の遅れを取り戻すため教科の学習が詰め込まれ、子どもたちは大きなストレスを抱えている。学生たちは大学に通えず、独りパソコンの前で授業を受け続けている。やっと教室での授業が始まったかと思うと、一、二週間ほどで緊急事態宣言が再発出される、ということの繰り返しのなかで、やはり大きなストレスを抱えている。コロナ禍でアルバイトの収入が減ったり、経済的に困難な状態に陥った学生は、なおさらだろう。教員もオンラインやハイブリッドの授業に困惑しながら、これまでにない量の授業準備という負担を抱えている。健康に不安のある教員や非常勤講師のように身分の安定しない教員のストレスは、さらに大きなものだろう。

2

コロナ禍で、私たちは苛立ち、不安を感じ、そして倦《う》み疲れている。だが、その疲労をお互いに理解し合うのは容易でない。健康に不安を抱える人、経済的な損失を被っている人、育児や介護を負担している人、あるいは学生のように何の問題もないのに社会から隔離されてしまう人。お互いの立場があまりにも異なることで、私たちは相手の状況を十分に理解することも、それを十分に思いやることもできないでいる。

インターネット上では、「敵」探しが活発に行われている。「感染者数ばかりを大げさに報道するマスメディア」、「感染患者の受け入れに消極的な医療機関」、「営業を自粛しない飲食店」、「学生の気持ちを考えず、いつまでもオンライン授業を続ける大学」、「無責任に外で飲んで大騒ぎする学生たち」、「自分たちのワクチンのことしか考えない高齢者たち」。そうやって、私たちは次々に「敵」を見つけ出してきたが、それによって事態は好転するどころか、社会の分断と不和がますます大きくなるばかりである。

残念ながら、二十一世紀もウィルスの時代が続いている。私たちは、その真っ只中《まっただなか》で苦しんでいる。しかし本書の著者ハンが主張するように、免疫学的な思考法、つまり社会を自己と他者、内部と外部、友と敵に区別して理解しようとする物の見方《パラダイム》は限界を迎えている。たしかにコロナ・ウィルス自体に対しては、ワクチンという免疫学の技術が依然として有効である。しかしコロナ禍における疲労と不和に対しては、友と敵を区別する免疫学的な思考法が有効であるとは思えない。

では、どうすればよいのだろうか。東京ではオリンピックが開かれている。都心のホテルでは、海外から来たオリンピック関係者の姿もよく見かける。二〇一一年に起きた東日本大震災の復興の象徴であったはずのオリンピックは、いつの間にか「人類が新型コロナウィルス感染症に打ち勝った証しとして」[1]開催されることになった。しかし、それも現状では難しいからだろうか。最近では、オリンピックには「コロナ禍で分断された人々の間に絆を取り戻す大きな意義がある」[2]と、五輪担当大臣は話している。たしかに祭り《フェスティバル》の高揚感は、人々に一体感を与えてくれる。自分の応援する選手が活躍したり、自分の国の代表チームがメダルを取れば、なおさらだろう。しかし、祭りの高揚感は長続きしない。

3

本書でハンが模索するのは、オリンピックの高揚感とは正反対の可能性である。本書の「疲労社会」の章で彼が探るのは、疲労のうちで人々が和解する可能性である。

それは「他者と語り合い、眼差し合うことができ、人々を和解させるような疲労」、「私たちの疲労」、「創造的な刺激《インスピレーション》を与えてくれる疲労」などと呼ばれる疲労である。そして、こうした疲労に必要なのは、活動ではなく「無為の時間」だという。その具体的なイメージは、ハントケの引用を通じて語られる。

――私の記憶では、いつも午後になると外の日差しのなかで――私たちは座って、お互いに話したり、あるいは黙ったりしながら、共通の疲労を楽しんでいた（中略）。そのとき、疲労の雲、エーテルのような疲労によって、私たちは一体となっていた。[3]

しかし「人々を和解させるような疲労」や「無為の時間」に、私たちはどのようにして辿《たど》り着けばよいのだろうか。本書にその具体的な方途が示されることはないが、現代社会の進むべきひとつの方向性を見出すことはできる。

ハンによれば、私たちが生きる現代社会は、「能力社会」であるという。近代の「規律社会《ディシプリン》」は「禁止、命令、規則」のテクノロジーによって、別言すれば「～してはならない」という否定性によって、人々を社会に従順な主体へと仕立てていった。しかし、現代の新自由主義《ネオ・リベラリズム》は、規制緩和の名のもと、そうした禁止の否定性を次々に撤廃していく。いまや禁止の否定性ではなく、「計画《プロジェクト》、自発性《イニシアチブ》、動機づけ《モチベーション》」といった肯定の力によって、人々は能力の主体となる。そして、私たちは誰かに強いられることなく、みずからの能力を自由に発揮できるようになる。

ところが、現実の私たちは、みずからの能力を絶えず発揮し、成果を求めて活動し続け**ねばならない**というプレッシャーに苛《さいな》まれている。他者からの強制ではなく自由によって、私たちは自分自身と競争を続け、自分自身から搾取を続けているのだと、ハンは語る。人々は終わりのない自己搾取のなかで疲弊し、おしまいには燃え尽き症《バーンアウト》やうつ病といった精神疾患を患《わずら》う。だから新自由主義《ネオ・リベラリズム》が体現する「能力社会」は、「疲労社会」に他ならないのだという。

絶えず能力を発揮し、成果を求めて活動し続けるなかで、人々は疲弊する。だが、それとは反対に、活動せず能力を発揮しないこと、すなわち無為とは、必ずしも能力のない無能を指し示すわけではない。それは、能力があるのにそれを現実化せずにいられること、つまり「〜しないことができる」というより高次の能力、「潜勢力」を意味することもある。[4] ハンは新自由主義が体現する「能力社会」に対して、イタリアの現代哲学者アガンベンの議論に棹《さお》さすかたちで、無為の「潜勢力」という可能性を呈示する。そして、能力社会に蔓延《まんえん》する「人々を不和にする疲労」に対して、ハントケの作品を解釈しながら、「治癒としての疲労」、「人々を和解させる疲労」という新たなイメージを描いてみせる。活動しない「無為の時間」においてこそ、人々はお互いに話し合い、眼差し合いながら、「共通の疲労を楽しむ」ことができる。それは「私たちの疲労」であり、「創造的《インスピレーション》な刺激を与えてくれる疲労」であるという。

こうした疲労のなかで、免疫学的な思考法が前提とする区別——自己と他者、内部と外部、友と敵といった区別——は朧《おぼろ》げとなり、境界線は曖昧となる。だから、「人々を和解させる疲労」を可能にする「無為の時間」とは、「差異のうちで差異がないこと（In-Differenz）」としての友情の時間であるという。[5]

4

「人々を和解させる疲労」というハンの構想は、決して甘美なロマンティズムや安易な感情論ではなく、現代社会に対する批判的な視座に基づいている。そうであれば、「人々を和解させる疲労」というこの構想を、私たちは――実践的な文脈において――規範的《ノーマティヴ》に理解することもできるだろう。絶えず能力を発揮し、成果を求めて活動し続けねばならない、という「能力社会」の命法に対して、現代の私たちに必要なのは無為と疲労の命法ではないだろうか。

ただし、こんにちの日本社会の現状からすると、この命法は個人の心構えとしてではなく、社会的な要求として実現されるべきであろう。「サービス残業」や「過労死」という言葉が使われるようになって久しいが、日本の労働状況は構造化されたものであって、個人の心構えでなんとかできるものではない。最近では、労働者の有休休暇取得の一部を企業に義務づける法改正も話題となったが、それは、有給休暇の取得率が他の先進国と比べても極端に低いという日本社会の実態を反映している。さらに中小企業で働くパートタイムやアルバイト従業員のなかには、そもそも有給休暇があることすら知らされていない、あるいは「ない」と誤認させられているケースもよくある。

先述したように、ハンによれば、「能力社会」における自己搾取の背景には、新自由主義《ネオ・リベラリズム》による規制緩和、すなわち禁止の否定性の撤廃という傾向があるという。これは日本においてもその通りだろう。「改革」の名のもと、裁量労働制、契約社員・派遣社員、業務委託、ダブルワークといった「新しい働き方」は増加傾向にあるが、それらは労働法による規制を実質的に緩和していく。「新しい働き方」はどれも、働くことの自由や自発性《イニシアチブ》を約束してくれるが、それによって、私たちは新たな不安を抱え込んでいる。「休んでいては、仕事がこなせない」、「成果を出さなければ、次の契約はないかもしれない」、「雇用保険・社会保険の蚊帳の外で、休むことはできても、経済的に立ちいかない」、といった不安である。そして直接的な強制も規制も**ない**のに——そして、**ない**からこそ——私たちは活動し働き続けることへと追い込まれてしまう。みずからの能力を絶えず発揮し、成果を求めて活動し続けるという「能力社会」の命法を突き崩すためには、無為と疲労の命法を個人の心構えとしてではなく、社会的要求として実現する必要があるだろう。

5

ところで、「能力社会」における「能力」とは、そもそも何なのだろうか。本書の著者ハンの議論によれば、能力の主体は「何でもできる」と豪語するが、しかし何かをしないでいることができない。「能力社会」の「能力」とは、たいした能力ではない。なぜなら、それは社会を変える力ではなく、この社会の命法に従って活動し働き続け、けっきょくは自己から搾取し、自己を疲弊させる能力だからである。それは「〜しないこと」、つまり、何かを止めたり、為さないことができない能力である。しかし私たちは活動を一度止め、為さないことによってこそ、新たに何かを為すことできる。本質的に何か新しいことを為すためには、いま為していることを一度止める必要がある。本書において、「無為の時間」が、「創造的な刺激《インスピレーション》を与えてくれる疲労」ともいわれるのは、そのためでもあるだろう。そうすると、絶えず能力を発揮し活動し続ける「能力社会」の「計画《プロジェクト》、自発性《イニシアチブ》、動機づけ《モチベーション》」といった肯定の力は、本当の自主性や創造性からは、ほど遠いものであることが分かるだろう。

このように考えると、「能力社会」における自発性《イニシアチブ》とは、旧来の官僚主義と大差ないかもしれない。コロナ禍の日本で顕著となったのは、まさに自発性と官僚主義の奇妙な結合ではないだろうか。日本社会では、行政が地方自治体や企業に「通知する」「お願いする」「要請する」というかたちで、自分たちの意向に**自発的に**従うよう仕向けることがよくある。私たちがコロナ禍で見てきたのは、こうした自発性による強制の過剰である。行政は法的強制力をもって都市をロックダウンしたり店舗に閉鎖を命令する代わりに、「お願い」や「要請」というかたちで、人々が**自粛する**よう仕向けてきた。

アガンベンによれば、主権は――戒厳令や非常事態宣言によって法＝権利が無効となる――「例外状態」を決定することで、法＝権利自体を宙吊り《ちゅうづ》にする。そして人々は法＝権利による保護の外に投げ出された「ホモ・サケル」となり、主権の生殺与奪権にひれ伏すことになる。ハンによると、こうした「例外状態」における生権力は、依然として否定性の図式に基づいているという。「例外状態」はあくまで例外であり、そこでは主権とホモ・サケルは対極に位置する。それに対して、「能力社会」における自己搾取は「全体主義化した正常状態」であり、そこでは誰もが搾取する主権者であると同時に、搾取される「ホモ・サケル」でありうると、ハンは語る。日本ではコロナ禍において、戒厳令や非常事態宣言によって法＝権利を宙吊《ちゅうづ》りにするのではなく、——緊急事態宣言も含めて——「お願い」や「要請」によって人々に自発的な行動制限を強いている。こうしたやり方は、ハンのいう「全体主義化した正常状態」とも重なる点があるだろう。

コロナ・ウィルス自体に対する対策として、「例外状態」を設定することが正しいのか、それとも各人がみずからの行動を自発的に制限することが正しいのか、現時点ではまだ分からない。しかしみずからの行動の制限が過剰となったとき、人々はウィルスではなく精神の疲労や不調に苦しむことになる。同様に、自発的な制限を強いられている者同士のあいだで「敵」を探すという免疫学的思考法は、人々を分断し不和にするだけである。

むしろ重要なことは、自発的に行動をどんどんと制限し、その制限下でさらに働き続けようとする自己搾取の構造に気づくことだろう。絶えずみずからに制限を加え続け、その制限のもとで、なお働き続けようとする活動の過剰を止めること。それよりも無為において他の人々と疲労を楽しみ、お互いの疲労を理解し和解すること。そして、そのように無為でいられるための保障を社会に求めていくこと。こうしたことこそが、日本のコロナ禍の「疲労社会」において求められているのではないだろうか。

最後に本書の翻訳作業に必要なドイツ語資料を集めるのを手伝っていただいた岡崎龍さん（一橋大学非常勤講師）、本書でハンが引用するハントケの作品について、訳者の疑問点に答えていただいたヤンボール・アダムさん（中央大学特任助教）、そして本書の編集を引き継いでいただいた花伝社の家入祐輔さんに心から感謝申し上げる。

二〇二一年七月二九日　東京の自宅でオリンピックを見ながら

注

1 「新型コロナ「五輪、完全な形で」首相「G7の支持得た」」、毎日新聞、二〇二〇年三月一七日、朝刊、一頁。

2 「五輪景気、もはや期待薄 1~3月期、マイナス成長 強行すれば副作用/中止でも損失わずか」、毎日新聞、二〇二一年五月一九日、朝刊、六頁。

3 Handke, *Versuch über die Müdigkeit*, S. 27-28; *Die drei Versuche*, S. 22-23.

4 本書「見ることの教育学」の章、最後の二段落の議論を参照。

5 本書「疲労社会」の章、最後の三段落の議論を参照。

原著者略歴

ビョンチョル・ハン（Byung-Chul Han）

1959年韓国生まれ。ドイツ在住。1994年にハイデガー研究で博士号を、2000年にバーゼル大学に提出した論文で大学教授資格を取得。バーゼル大学私講師、カールスルーエ造形大学教授を経て、2012年から2017年までベルリン芸術大学教授。著書に Topologie der Gewalt（Matthes & Seitz, 2011）、Transparenzgesellschaft（Matthes & Seitz, 2012）、Psychopolitik: Neoliberalismus und die neuen Machttechniken（S. Fischer Verlag, 2014）、Palliativgesellschaft. Schmerz heute（Matthes & Seitz, 2020）、Undinge. Umbrüche der Lebenswelt（Ullstein, 2021）ほか。

訳者略歴

横山　陸（よこやま　りく）

1983年生まれ。一橋大学大学院社会学研究科博士課程修了。博士（社会学）。現在、中央大学総合政策学部准教授。主な著作・翻訳に「マックス・シェーラーにおける「感情の哲学」」（『現象学年報』第33号、2017年）、Selbstgebung und Selbstgegebenheit（共著、Karl Alber、2018年）、ディーター・ビルンバッハー『生命倫理学』（共訳、法政大学出版局、2018年）など。

疲労社会

2021年10月15日　初版第1刷発行
2024年 8月10日　初版第3刷発行

著者 ——ビョンチョル・ハン
訳者 ——横山　陸
発行者 —平田　勝
発行 ——花伝社
発売 ——共栄書房
〒101-0065　東京都千代田区西神田2-5-11出版輸送ビル2F
電話　03-3263-3813
FAX　03-3239-8272
E-mail　info@kadensha.net
URL　https://www.kadensha.net
振替 ——00140-6-59661
装幀 ——北田雄一郎
印刷・製本— 中央精版印刷株式会社

ISBN978-4-7634-0983-6 C0036

透明社会

ビョンチョル・ハン　著
守 博紀　翻訳
税込定価：1,980円

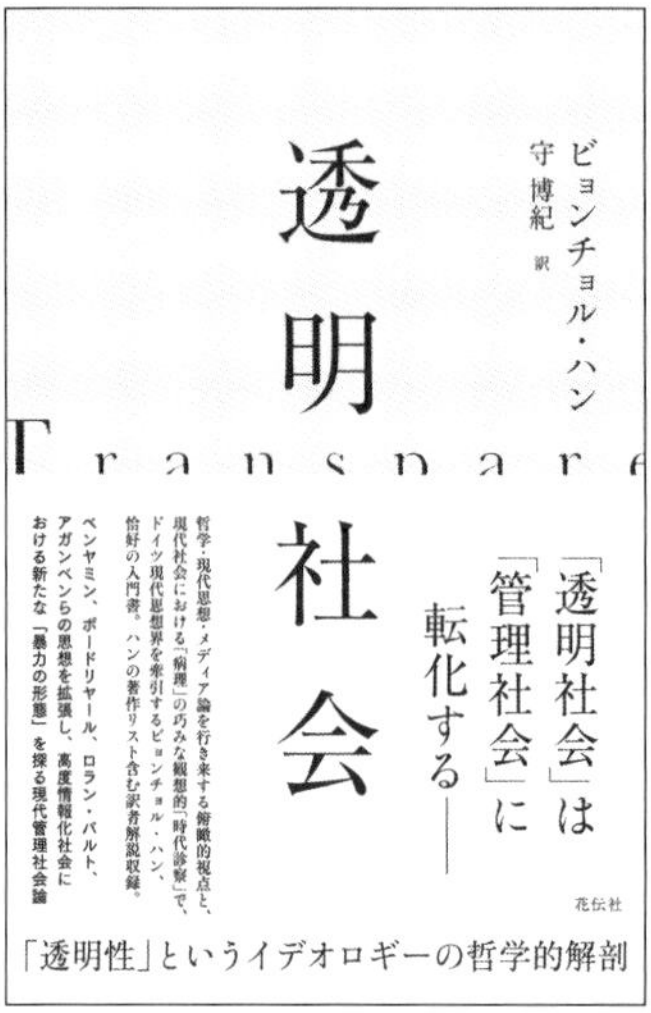

「透明社会」は「管理社会」に転化する―
「透明性」というイデオロギーの哲学的解剖

ベンヤミン、ボードリヤール、ロラン・バルト、アガンベンらの思想を拡張し、高度情報化社会における新たな「暴力の形態」を探る現代管理社会論

哲学・現代思想・メディア論を行き来する俯瞰的視点と、現代社会における「病理」の巧みな観想的「時代診察」で、ドイツ現代思想界を牽引するビョンチョル・ハン、恰好の入門書。ハンの著作リスト含む訳者解説収録。